# El
# campo de
# batalla
## de la
# mente

para niños

## JOYCE MEYER

### con Karen Moore

CASA
CREACIÓN
A STRANG COMPANY

*El campo de batalla de la mente para niños*
por Joyce Meyer
Publicado por Casa Creación
Una compañía de Strang Communications
600 Rinehart Road
Lake Mary, Florida 32746
www.casacreacion.com

A menos que se indique lo contrario, todos los textos bíblicos han sido tomados han sido tomados de la *Santa Biblia*, Nueva Versión Internacional (NVI), © 1999 por la Sociedad Bíblica Internacional. Usado con permiso.

Este libro fue publicado originalmente en inglés con el título: *Battlefield of the Mind for Kids*, Copyright © 2006 por Joyce Meyer, por Warner Faith, una división de Time Warner Book Group. This edition published by arrangement with Warner Books, Inc., New York, New York, USA. All rights reserved.

Traducido por Saulo Hernández
Diseño interior por: Dimitreus Castro

Library of Congress Control Number: 2006937433
ISBN: 978-1-59185-475-3

Impreso en los Estados Unidos de América
07 08 09 10 * 7 6 5 4 3

# Contenido

# Capítulo 1

# ¡Tienes un pensamiento más por venir!

E l poder descubrir lo que realmente piensas no es un trabajo fácil. De hecho, cuando crees que sabes lo que piensas, algunas veces puedes sorprenderte al descubrir que realmente no piensas *eso* para nada. En ocasiones, piensas algo porque un amigo tuyo piensa así, y tú estás de acuerdo porque eso es en parte, lo que los hace amigos.

1

Por ejemplo, si el color favorito de tu amigo es morado, tal vez los dos piensen en tener ese color como su favorito y *vestirse con él* en cada oportunidad que tengan. Sin embargo, después puedes ver algo anaranjado y que te encante, y empiezas a preguntarte si en verdad el anaranjado es tu color favorito. Si le dices a tu amigo que el anaranjado es tu color favorito, entonces has empezado a darte cuenta, de una manera sencilla, lo que significa pensar por ti mismo.

Es bueno encontrar gente que está de acuerdo con la forma en la que piensas. Es aún una mejor idea saber *por qué* piensas de esa forma. Si no estás realmente seguro de lo que piensas o has estado pensando algunas cosas muy raras que pueden ser no del todo ciertas, entonces "tienes un pensamiento más por venir". Dios tiene un plan para ayudarte a descubrir cómo pensar con más claridad.

En Filipenses 4:8, Dios nos dió algunos ejemplos de cosas muy buenas para pensar. Nos dijo: "Por último, hermanos, consideren bien todo lo verdadero, todo lo respetable, todo lo justo, todo lo puro, todo lo amable, todo lo digno de admiración, en fin, todo lo que sea excelente o merezca elogio". El autor sigue diciendo que si hacemos eso, entonces el Dios de paz estará con nosotros.

"Y bien, ¿qué piensas?" ¿No es eso lo que tus amigos te preguntan todo el tiempo? A tus amigos les importa lo que piensas, desde escoger una película hasta hablar de los grupos musicales favoritos. Cuando llega la hora de tomar decisiones, es de bastante ayuda entender por qué escoges lo que harás. ¡Esas decisiones resultan de la forma en como piensas!

## Cómo poner tus pensamientos en forma

¿Cómo pones tus pensamientos en forma o por lo menos sacudirlos para que puedas ver cuáles son realmente tuyos? Ahora mismo empieza tu propia lista. Escribe el nombre de la gente o de las cosas en tu vida que marcan una diferencia en la forma en la que piensas. ¿Pusiste en tu lista nombres de atletas o actores o tal vez un personaje de algún libro que leíste? ¿Pusiste en tu lista a tu mejor amigo, a tu hermana o tal vez a tu mamá? Tal vez escribiste en tu lista el nombre de tu pastor o algún héroe de la Biblia. Todos son parte del proceso que determina cómo piensas en la actualidad, desde programas de televisión, grupos musicales, la iglesia, la familia y los amigos.

Si quieres tener pensamientos buenos y valiosos, incluso por los cuales estarías agradecido, ¿cómo cambiaría eso el panorama? Piensa en tus metas para obtener buenas calificaciones o para ser más activo en el grupo de la iglesia o en ayudar a un amigo a hacer una buena obra. ¿Cómo son bombardeados tus pensamientos desde afuera?

## Cómo obtener buenas calificaciones

Vamos a usar la meta de sacar un 10 en inglés. Si eres bueno en inglés, ésta podría ser una meta fácil y podrías lograr de inmediato el 10 y ganar chispas de chocolate y prestigio (reconocimiento). Pero, si no eres muy bueno en inglés y aún te pones esta meta, ¿cómo afectaría a tus pensamientos la esperanza de obtener un 10?

Primero, lees algo en el periódico que a los deportistas les pagan millones de dolares para jugar un juego, aún cuando ellos difícilmente terminaron la escuela. La posibilidad de que estos deportistas millonarios sacaron un 10 en inglés es muy pequeña. Entonces comienzas a pensar que el inglés no es tan importante.

Después, tu mejor amigo se burla de ti porque te estás convirtiendo en un verdadero cerebrito o en un obsesionado. Ahora ese 10 ya no parece tan importante. Después de todo, recuerdas que tiempo atrás, en segundo grado, escuchaste a un maestro decir que tu escritura no era muy buena. Por supuesto, el maestro sólo pretendía enseñarte la forma correcta de las letras, pero tú sólo recuerdas esa frase que problamente te confirma que no puedes obtener un 10 en inglés.

También puede ser que hayas visto *American Idol (Ídolo americano)* y piensas: "En este mundo debe existir otra forma de salir adelante, sin la necesidad de obtener 10 en inglés". Incluso tu papá te confiesa que no fue muy bueno en esa clase, así que de seguro, tú tampoco lo eres. Ahora tu mente está llena de excelentes pretextos para decir por qué obtener un 10 es simplemente imposible.

## Por favor, ¡se puede poner de *pie* el *verdadero* "tú"!

Lo que quiero decir es que todas éstas cosas influyen en tu manera de pensar. Entonces, ¿cómo puedes decidir cómo pensar y proponerte metas buenas para ti mismo? ¿Qué tanto conoces al verdadero tú?

En mi libro que escribí para adultos, *El campo de batalla de la mente,* les ayudé a crear herramientas que les serán útiles para poner sus mentes en orden. Hagamos un caja de herramientas en la mente y pongamos algunas de estas ideas dentro de ella.

■ **Lee tu Biblia:** Bueno, parece bastante sencillo, pero ¿por dónde empiezas? Veamos lo que dice Romanos

12:2: "No se amolden al mundo actual, sino sean transformados mediante la renovación de su mente. Así podrán comprobar cuál es la voluntad de Dios, buena, agradable y perfecta".

Esta bien, lo leíste, ahora veámoslo otra vez. El versículo dice que no sigas a la multitud, que no tomes una desición sólo porque los demás lo hacen; y no pienses que está bien estar de acuerdo con tus amigos que no están tomando una buena elección. ¡Sé tú mismo!

## Entonces, ¿qué deberías hacer?

### ¡Mira lo que dice la Biblia!

Por un momento piensa por qué te gustaría ser como tus amigos. Por lo regular, quieres ser como otras personas porque las admiras o porque piensas que son muy agradables o piensas que de alguna forma son especiales. Esas son buenas razones para querer ser como alguien más.

Pero, ¿qué pasa si la persona a la que

admiras decide hacer algo con lo que tú no estás de acuerdo? Por ejemplo, ¿qué pasaría si tu amigo decide fumar? Ya sabes que piensas que fumar da asco y es desagradable. Ya sabes que tus papás se molestarían si fumaras. Pero, que tal si tu amigo dice algo como: "Si realmente eres mi

**¡BRAVO POR TI!**

amigo, no le dirás a nadie que fumo y tú fumarás conmigo". ¿Qué haces entonces?

Cuando tomas el consejo de la Biblia y miras dentro de ti mismo para descubrir lo que es verdadero para ti, tal vez signifique estar en desacuerdo con tu amigo e incluso, tomar la decisión de no ser amigos por un tiempo.

Este serías tú pensando de una nueva forma, buscando aquello que es bueno para ti. Al pensar de esa forma, te ayudas a ti mismo a saber con claridad qué es lo que Dios quiere para ti; y te ayuda a escoger aquello que es bueno para Él y que le agrada.

■ **Permítete pensar tus propios pensamientos.** Las Escrituras nos dan paciencia y ánimo de tal forma que podamos tener esperanza. Cuando esperas para tomar buenas decisiones y *tener* buenos pensamientos, esta herramienta te ayudará en toda ocasión.

■ **Date la oportunidad de pensar de nuevo.** Después de todo, ¡tienes un pensamiento más por venir! Las buenas noticias acerca de crecer y cambiar tu forma de pensar es que siempre puedes pensar de nuevo. Tienes una oportunidad más de tomar una mejor elección, que aquella que tomaste la última vez. Probablemente te gustó esta idea cuando decidiste probar las habas, por ejemplo, y descubriste que los ejotes son realmente mucho mejor. Ese mismo principio se aplica al trabajar en otras partes de tu vida. Nunca te atoras con tener que pensar sólo de una manera. Con Jesús siempre tienes otra oportunidad.

■ **Piensa en Jesús.** Tú puedes haber escuchado la frase popular "¿Qué haría Jesús?". La Biblia dice eso de otra manera: "Consideren a aquel que perseveró" (Hebreos 12:3). Cuando estés haciendo una elección, imagina qué sería lo mejor que Jesús haría o cómo actuaría *Él* en una situación como la que estás enfrentando. Regresa a la situación con tu amigo que empezó a fumar y piensa acerca de eso a través de los ojos de Jesús. ¿Qué le diría Él a tu amigo? ¿Qué te diría a ti? Piensa en estas preguntas.

■ **No te dejes llevar por mal camino.** Hay un recordatorio en Hebreos de mantenerse en las cosas que se nos han enseñado. No permitas que malas enseñanzas te lleven por mal camino o te lleven en la dirección equivocada. Tu corazón debería ser fortalecido por la gracia de Dios (ver Hebreos 13:9). En otras palabras, tienes la respuesta dentro de ti. Dios ya te dio lo que necesitas.

Ahora tienes una caja de herramientas bien llena. Si la llevas contigo a donde quiera que vayas, te ayudará a pensar claramente. Te ayudará en el campo de batalla, esto es, en el jardín de la escuela, en el salón y en la fiesta en la casa de tu amigo. Tú necesitas mantenerte en la mejor condición para ganar esta batalla, y estar equipado es sólo parte de la respuesta.

Hay que continuar y ver lo que hay en esos viejos globos de pensamientos.

# Capítulo 2

# Reventar unos cuantos viejos globos de pensamientos

Algunas veces es difícil entender lo que crees suficientemente bien para convertir tus pensamientos correctos en acciones correctas. Cuando nuestro personaje tuvo que decidir entre ir al cine con sus amigos o quedarse en casa y estudiar para el examen de ciencia, su primera decisión fue ir al cine. ¿Por qué? Porque él no quería descepcionar a sus amigos y

no quería pretender que la escuela era más importante que ellos. ¿Qué pensarían? Simplemente no pudo decidir qué hacer.

La batalla de tu mente y tu manera de pensar continuará toda tu vida, pero la sentirás especialmente alocada ahora que estás en la escuela. Lo más probable es que tu mente dará brincos, saltos y se desviará en cientos de direcciónes, dejándote casi sin palabras acerca de qué es

lo que verdaderamente piensas y sientes y cuáles son tus opiniones.

A ésto le llamo tener "una mente confundida", y tu probablemente sabes a lo que me refiero. Cuando tu mente está confundida, no sólo divaga por todos lados buscando respuestas, aún antes de conocer las preguntas, sino que simplemente no sabe cómo entender lo que es normal y cómo enfocarse en la dirección correcta. Tu mente está en una situación en la que no puede ganar porque no sabe cómo; así que no gana. Las Escrituras lo dicen

**ALGUNA VECES PIENSO** de esta manera en
**EN CINCO O SEIS COSAS.** Santiago 1:5-8: "Si
**¡OH, POBRE DE MÍ!** a alguno de ustedes
le falta sabiduría, pí-
dasela a Dios, y él se la
dará, pues Dios da a todos generosamente
sin menospreciar a nadie. Pero que pida
con fe, sin dudar, porque quien duda
es como las olas del mar, agitadas
y llevadas de un lado a otro por el
viento. Quien es así no piense que
va a recibir cosa alguna del Señor;
es indeciso e inconstante en todo lo
que hace."
¿Te describe eso de alguna forma? ¿Algunas veces piensas dos
cosas distintas al mismo tiempo y te sientes indeciso sobre
qué hacer?
Entonces, ¿qué haces? De acuerdo a San-
tiago, debes pedirle sabiduría a Dios. ¿Qué es la sabiduría? Es ayuda con letras mayúsculas: ¡¡A Y U D A!! Le
dices a Dios que no sabes lo que debes hacer en la situación en la que estás y que necesitas ayuda o sabiduría
para tomar una buena decisión.

## Tomar decisiones confusas

Digamos que estás confundido entre ir a una fiesta o no. Tú sabes que a la niña popular que va a tener la fiesta le gustan a los chicos. Sabes que tiene un hermano mayor que podría llegar a la fiesta con algunos de sus amigos y si tu mamá supiera eso, no permitiría para nada que fueras. Piensas que, si tal vez ella no supiera del hermano mayor, todo estaría bien y aún podrías ir a la fiesta.

Tu mente comienza a tejer una tela de confusión y, antes de que te des cuenta, estás atrapado como víctima de una araña mientras decides qué hacer.

Imaginemos que ahora estás leyendo la historia de

alguien más y puedes escoger el final de esa situación. Desarrollaremos la historia y después tú podrás elegir el final número uno, dos o tres. ¡Hey!, se supone que no debes estar confundido todavía.

## La historia

"Mamá, me invitaron a la casa de mi amiga Sari para una fiesta. Es su cumpleaños y sólo está invitando a unos cuantos niños para partir el pastel y jugar unos juegos de mesa. ¿Podrás llevarme el viernes por la noche y recogerme después? ¿Está bien si voy?"

"¿Van a estar los papás de Sari en su casa?", pregunta la mamá.

"Por supuesto, mamá. Son personas muy lindas. Estoy segura que se llevarían bien. Sari dijo que si quieres, puedes hablar por teléfono con su mamá acerca de la fiesta."

"Bueno, supongo que eso no será necesario", dice la mamá sonriendo. "Ve y diviértete. Mañana te llevaré a algún lugar para que le compres un regalito de cumpleaños."

"Gracias mamá. Eso sería grandioso."

Mientras Rosa sale de la cocina después de hablar con su mamá, se acuerda de su preocupación de que tal vez llegaría el hermano mayor de Sari con muchachos mayores. No se decide si decirle de esto a su mamá o no.

Rosa sube a su habitación y habla con su amiga Sari

por teléfono. Su amiga se alegra cuando le dice que sí le dieron permiso para ir a la fiesta de cumpleaños. Rosa le pregunta a Sari si sus padres van a estar en casa, y su amiga le contesta: "Bueno, pues no. Estarán fuera por un tiempo durante la noche, pero todo está bien porque mi hermano mayor estará aquí".

Rosa cuelga el teléfono y decide...

### Final uno:

Rosa cuelga el teléfono y decide que no le dirá a nadie esta información. Después de todo, ¿qué puede salir mal? Su mamá nunca se tiene que enterar.

Rosa va a la fiesta y todo va bien, hasta que los amigos del hermano de Sari comienzan a buscar en el gabinete que contiene bebidas alcohólicas y lo reparten a los niños menores. La situación se empieza a poner incómoda y Rosa no sabe qué hacer. Su amiga Sari le dice que se está comportando como una bebé al molestarse tanto. Sólo están bebiendo un poco. Rosa se asusta mucho cuando una niña de diez años se desmaya en el piso; y llama a su mamá por teléfono para que la venga a recoger. Rosa le dice a su mamá que no se siente bien y nunca le cuenta lo que realmente sucedió.

### Final dos:

Rosa cuelga el teléfono y decide que será mejor decirle a su mamá que los padres de Sari no estarán en la fiesta.

Sabe que a su mamá le incomodaría que fuera bajo esas circunstancias y que no se sentiría bien en dejarla ir.

"Mamá", dice Rosa en voz baja, "me acabo de enterar que los padres de Sari estarán fuera de su casa por un tiempo durante la fiesta. Pero dice que estará ahí su hermano mayor, quien tiene dieciocho años, para estar pendiente. ¿Aún está bien que vaya?"

"Rosa, sé lo mucho que te gustaría ir a esta fiesta, pero no me siento bien que esté un grupo de niños en una casa sin supervisión. No creo que el hermano de Sari sería de mucha ayuda si alguien se enfermara o se metiera en algún problema. ¿Te molesta si le marco a la mamá de Sari para platicarlo, antes de que tomemos una decisión?"

"Ah, eso sería perfecto. Estoy segura que le dará gusto a la señora Gómez hablar contigo al respecto."

La mamá de Rosa llama por teléfono a la señora Gómez y se entera que en realidad, sólo estarán ausentes la primera hora de la fiesta. Ella le dice que habló con su mamá, la abuela de Sari, para que esté ahí, junto con su hijo, hasta que ella regrese a casa.

Le dan permiso a Rosa de ir a la fiesta con una conciencia limpia, y ella se divierte.

### Final tres:

Rosa cuelga el teléfono y decide mejor decirle a su mamá que después de todo, los padres de Sari no estarán en casa. Cuando le informa a su mamá, ella le dice que de ninguna manera puede ir, porque es demasiada joven para estar en una fiesta sin supervisión y que el hermano mayor de Sari no se puede considerar como un buen ejemplo a seguir.

Rosa se enoja con su mamá y decide escaparse e ir a la fiesta de todos modos. Le dice a su mamá que dormirá en casa de otra amiga, la cual tampoco obtuvo permiso para ir a la fiesta. Su mamá piensa que es una buena alternativa y lleva a Rosa a la casa de su amiga María.

María y Rosa van a la fiesta aunque ninguna de las dos tiene permiso para ir. Caundo pasan en frente de la casa del pastor Santos, lo ven podando el pasto y él las saluda. Rosa siente un poco de culpabilidad.

Llegan a la fiesta, y al inicio, parece que todo va bien, hasta que un niño se enoja con otro y empieza una guerra de comida. De un momento a otro, hay comida volando por el aire y antes de que el hermano de Sari logre controlar la situación, hay pizza colgando del techo.

Rosa se siente muy mal por la condición de la casa y justo cuando está tratando de convencer a María de que deberían irse de ahí, llegan los padres de Sari. Le ponen fin a la fiesta y juntan a todos los niños en la sala. Les dicen que hablarán con todos los padres de los niños presentes para acordar una fecha en la que cada niño pueda regresar y ayudar a limpiar el desorden. Se le para el corazón a Rosa.

# La mente confundida de Rosa

¿Por qué tuvo Rosa una mente confundida? ¿Sabía ella lo que era bueno hacer?

Rosa sabía en su corazón lo que debió hacer. Se confundió cuando trató de darse razones y pretextos para pensar algo diferente a lo que ella sabía que era la verdad. Dios no nos dio un espíritu de confusión (ver 1 Corintios 14:33), así que podemos saber de inmediato que "el mentiroso" está cerca y nos está tentando a hacer lo malo.

Si en tu corazón sabes lo que debes hacer, el Espíritu de Dios está tratando de ayudarte a tomar una desición correcta. Si no quieres saber lo que Dios te dice, entonces podrás encontrar algunos pretextos muy fáciles flotando en tu cerebro y éstos siempre te darán permiso de hacer lo malo. Necesitas reventar esos globos de pretextos de inmediato.

# El demonio de la duda

Otra manera de obtener una mente confundida es cuando andas en la duda, en lugar de andar en la verdad o el gozo o el amor. Siempre que dejas la puerta abierta, la duda se mete, como hormigas en un día de campo. Tu trabajo es ver lo antes posible que la puerta está abierta y cerrarla de nuevo. Dios te dio una herramienta para ayudar a deshacerte de tus dudas. Se llama "medida de fe". Esta medida de fe es la cantidad específica de habilidad con que puedes creer o confiar en alguien o en algo. Es cuando te sientes contento y confiado de que todo está a tu favor, que estás viviendo en grande y sientes que Dios es lo máximo, que tiene todo bajo control y que estás libre de dudas y preocupaciones.

Pero luego llega la duda y acampa en tu esquina cuando tienes un mal día, no pasaste el examen de matemáticas, no jugaste bien en la clase de educación física y acabas de descubrir que sirvieron chícharos para el almuerzo.

Tu duda te hará todo tipo de bromas malvadas. Te hará creer que recibiste tu merecido al no pasar el examen de matemáticas, porque no estudiaste lo suficiente. Y no sólo eso, sino que te convencerá que nunca serás bueno para las matemáticas. Así que, ¿para qué seguir intentando mejorar? La duda se subirá a tu emparedado de crema de cacahuate y te recordará que nunca fuiste un buen atleta y que, por supuesto, no eres lo suficientemente bueno para jugar en el equipo estrella de voleibol. Luego, la duda se echará un clavado en tu leche de chocolate y te recordará que tampoco le importas mucho a tu mamá, y por eso está guisando para la cena hígado con cebollas.

## La duda es el villano

La duda quiere controlar tus pensamientos para que dejes de esforzarte tanto por hacer lo correcto o dejes de tratar de convertirte en todo lo que Dios sabe que eres capaz. Si la duda te puede detener ahora que estás en quinto grado, ¡imagínate cómo se va a divertir contigo, cuando llegues a la preparatoria!

## ¿Qué puedes hacer?

Entonces, ¿qué es lo que vas a hacer? ¿Cuál es la herramienta que tienes para deshacerte de la duda? Regresa a tu medida de fe. ¿Qué tan grande es? Si sólo tienes un puñado de fe, no tendrás suficiente fuerza para alejar la duda. Necesitas crecer en tu fe, aumentar en sabiduría y alabar a Dios grandemente para que cuando venga la duda, estés más fuerte y mejor equipado para pelear contra ella.

El pasaje bíblico de 1 Pedro 5:8-10, dice así: "Practiquen el dominio propio y manténganse alerta. Su enemigo el diablo ronda como león rugiente, buscando a quién devorar. Resístanlo, manteniéndose firmes en la fe, sabiendo que sus hermanos en todo el mundo están soportando la misma clase de sufrimientos... el Dios de toda gracia que los llamó a su gloria eterna en Cristo, los restaurará y los hará fuertes, firmes y estables".

Saca tu regla para medir. ¿Qué tan fuerte es tu fe hoy? Revienta ahora esos globos de duda del diablo.

## Una mente con sueño

No te interesa mucho lo que sucede a tu alrededor cuando te sientes con sueño. Tal vez no puedes prestar atención en tu clase de inglés, no puedes escuchar al pastor mientras da su predicación de la semana o tal vez no te interesa mucho lo que tu amigo está diciendo en ese preciso instante. Tener sueño significa que no estás alerta.

A esta condición le llamo la "mente pasiva". Eso significa que no hay mucho sucediendo y que no estás alerta. Algunas veces estás somnoliento; y no estoy hablando de cuando simplemente estás cansado de un largo día, estoy hablando acerca de no estar alerta para saber lo que Dios quiere que sepas. Tienes que estar al pendiente de todo aquello que llenará los espacios vacíos en tu cabeza. Cuando tu cabeza está vacía, es fácil llenarla con todo tipo de pensamientos pésimos.

## ¿Qué puedes hacer para despertar?

Asegúrate que tu mente esté llena de pensamientos buenos. No hay espacio para los pensamientos feos cuando estás llenando tu mente de pensamientos buenos. Éstos intentan meterse, pero al ver la brigada de Dios obrando ahí adentro, no se molestan en permanecer. Tu mejor herramienta es estudiar la Palabra de Dios y orar. Tal vez pienses que está bien **NO** hacer esas cosas y permanecer con sueño respecto a ellas, mientras no te estés metiendo en problemas o haciendo algo que se considere malo. Pero, ¿estás haciendo lo correcto? Puedes pensar que no estás haciendo nada malo cuando no haces nada, pero tal vez quieres pensarlo de nuevo. A veces, los problemas se meten directo a tu cabeza y permanecen ahí simplemente porque ven que nada más está sucediendo. Para ellos es fácil comenzar a jugar con tu mente porque les has dado mucho espacio para hacerlo.

## ¿Por qué ayuda el leer la Biblia?

Efesios 6:10-13 dice: "Por último, fortalézcanse con el gran poder del Señor. Pónganse toda la armadura de Dios para que puedan hacer frente a las artimañas del

diablo. Porque nuestra lucha no es contra seres humanos, sino contra poderes, contra autoridades, contra potestades que dominan este mundo de tinieblas, contra fuerzas espirituales malignas en las regiones celestiales. Por lo tanto, pónganse toda la armadura de Dios, para que cuando llegue el día malo puedan resistir hasta el fin con firmeza".

Una parte de ponerte tu armadura, o tu traje protector, es leer la Biblia para que sepas como rechazar los pensamientos que te encuentres en el camino. No eres un buen luchador cuando estás somnoliento. No eres muy fuerte y no estás alerta. Las Escrituras te darán buenas herramientas para luchar.

## ¿Qué es la oracion y cómo te puede ayudar en tu manera de pensar?

Lo más probable es que has estado haciendo cierto tipo de oraciones desde que eras muy pequeño. Has orado en la noche, tal vez con tus padres y has orado a la hora de la cena. De vez en cuando, puede que hayas hecho una oración de gratitud cuando te fue mejor de lo que esperabas en el examen. Ya te habrás dado cuenta que hay muchas maneras de orar diferentes tipos de oraciones.

Conforme vas creciendo, es comprensible que la mayoría de tus oraciones serán en forma de petición, pidiendo la ayuda de Dios en la escuela o en asuntos familiares o con amigos. Esas son muy buenas oraciones.

Tal vez algunas de tus oraciones sean de gratitud, donde le das gracias a Dios por las cosas buenas en tu vida. Pero el tipo de oración de la que queremos hablar es aquella que ayuda a formar tu manera de pensar.

## Buscar la voluntad de Dios

Llegas a Dios con una oración específica para ver si puedes alinear tu manera de pensar con los planes de Él para tu vida. En verdad estás dejando a un lado el verdadero tú y pidiendo solamente que se haga la voluntad de Dios. Ésta es una oración muy madura, que incluso a muchos adultos les cuesta trabajo expresar. Pero si quieres aprender a pensar de acuerdo a la voluntad de Dios y su propósito para tu vida, ésta es una muy buena oración que puedes hacer. Vamos a buscar un ejemplo de este tipo de oración. Lo primero que debes saber es que no te alinearás con el plan de Dios y sus pensamientos para tu vida al leer el periódico o en algún otro lugar que sea fuera de ti. De hecho, necesitas buscar dentro de ti y ver cómo tu corazón se siente en cuanto a lo que quieres orar. Esta oración íntima es una de las oraciones más especiales que puedes hacer. Esta oración le dice a Dios que en verdad buscas la mejor respuesta posible y que en verdad quieres pensar más como Jesús. Esta oración dice que quieres que sean buenos tus pensamientos y que quieres pensar lo más claramente posible.

*Hablar con Dios*
*Cuando hablas con Dios*
*Seguro encontrarás*
*Él te dará gozo*
*Y una mente de paz.*
*Él escuchará tus pensamientos*
*Y limpiará el camino*
*Para cuidar de las necesidades*
*Que tienes hoy.*

Aquí hay un ejemplo del tipo de oración de la cual estamos hablando. Mira lo que decide hacer José.

José apenas se enteró a la hora de la cena, que la empresa de su papá lo va a transferir a otra ciudad. En un mes, él y su familia tendrán que mudarse a una ciudad nueva. De hecho, José está enojado. Está en la banda de la escuela para los desfiles y forma parte del equipo de debate, y de ninguna manera está preparado para dejar a sus amigos. Simplemente no quiere ir. Le dijo a su mamá y a su papá que él pensaba que toda esta situación era horrible. Se fue de la mesa después de gritar que no iba a ir y que no habría discusión al respecto y se quedó solo en su habitación. Después de un tiempo, su mamá subió a su cuarto y tocó la puerta. Le dijo que lamentaba mucho que se tendrían que mudar, pero que no había otra cosa que hacer, ya que el trabajo de su papá era el sustento principal de la familia. José continuó resentido, pero cuando su mamá iba saliendo de la habitación, le ofreció una sugerencia más. "¿Por qué no intentas platicarlo con Dios?", le dijo.

Al principio, José no estaba muy seguro de qué tanto le importaba lo que pensaba Dios, pero al llegar la noche, decidió que en realidad no tenía mucho que perder. Después de todo, mañana le tendría que contar a todos sus amigos que se mudaría a casi ocho horas de distancia en carro. Sus primeros intentos de oraciones no le salen muy bien.

Su enojo se interponía y se encontraba pidiéndole a Dios que cambiara toda la situación para que se pudieran quedar ahí. Aún no se sentía bien con ese tipo de oracion, así que decidió dejar de estar enojado y simplemente decirle a Dios lo que estaba en su corazón. En ese momento, las oraciones de José cambiaron. Su nueva oración se escuchó más o menos así:

> "Hola Dios,
> No me siento muy contento en este momento. Mi papá dice que tendremos que mudarnos a otra ciudad y sé que extrañaré a mis amigos. Si hay alguna manera de que tú puedas cambiar la situación para que no nos tengamos que mudar, de seguro que me encantaría. Pero si pudieras ayudarme a superar ésto e incluso ayudarme en la manera en que pienso al respecto, eso sería bueno. Yo se que quieres lo mejor para toda mi familia. Gracias por escucharme.
> Amen."

¿Puedes ver lo que José hizo correctamente? ¡Tú también lo puedes hacer! Esta oración demuestra cómo se esforzó José para alinear su forma de pensar con la de Dios. Puede que tarde un poco para que lo logre, pero ya tuvo un buen comienzo y seguramente, Dios le ayudará. Dios hará lo mismo por ti.

Asegúrate de incluir oraciones en tu caja de herramientas, pidiendo "pensamientos correctos".

# Capítulo 3

# Lo escuché en el molino

¿Qué es todo eso que está flotando por toda la escuela? ¿Alguna vez jugaste el juego llamado *teléfono*, donde una persona le dice al oído algo a la persona que está sentada a su lado y siguen pasando las mismas palabras a las personas que están sentadas a su lado, y la idea original va por todo el cuarto hasta que la última persona se supone que debe decir cuál era el enunciado?

Por ejemplo, yo puedo empezar el juego diciendo algo como: "El chocolate sabe muy rico con helado, plátanos y diferentes nueces". Ya que el enunciado pasó por toda la cadena de diez personas, la última persona nos dice un enunciado que dice algo así: "El chofer de la camioneta frenó cuando vio algo de hielo, para que no quedara embarrado como puré de plátano en el surco de la banqueta".

Algunas veces tienes en la mente cosas que crees que alguien más dijo o que escuchaste en el molino, y entonces te preocupas por eso y después descubres que ni era cierto. Tal vez descubres que cuando el chisme llegó a ti, éste había sido estirado, como estiras un chicle, y no era para nada lo que la primera persona quiso decir cuando comenzó todo. Los pasillos de la escuela son un excelente ambiente para cosas como ésta.

## Eso que se llama chisme

Echemos un vistazo a algo que sucede todo el tiempo en la escuela, esta cosa llamada chisme. ¿Qué sentirías si alguien empezara un chisme acerca de ti? ¿Qué pensarías al respecto? Pero también, ¿qué tal si alguien trata de decirte un chisme? ¿Qué deberías hacer si pasa eso?

Por lo común, un chisme es algo con mala intención. Aquel que empieza un chisme, por lo regular no dice cosas buenas acerca de alguien más, aunque también podría ser. Los chismes, por lo regular, tienen la intención de hacer menos a alguien o hacerlo enojar. Esto pasa normalmente, cuando un niño está enojado contra otro o está celoso por algo. Sea cual sea la razón, el chisme es algo bastante desagradable y que lastima a mucha gente. La Biblia dice en Proverbios 18:8 "Los chismes son deliciosos manjares; penetran hasta lo más íntimo del ser".

En otro proverbio dice: "El primero en presentar su caso parece inocente, hasta que llega la otra parte y lo refuta" (Proverbios 18:7).

## Opciones acerca de los chismes

Es importante que tengas cuidado de los chismes, sin importar la forma en que se presenten. ¿Qué opciones tienes si alguien te dice un chisme o empieza un chisme acerca de ti?

Para aquellos que les gusta el letrero número uno de la siguiente página...¡aplausos, aplausos! A esa persona que tiene malas intenciones y quiere decir algo malo acerca de alguien más, dile que estás muy ocupado pensando en cosas más positivas. ¡El sugerir que Jesús no quiere escuchar lo que ellos tienen que decir, debe detener a la persona chismosa justo en su intento de hacerlo! ¡Bravo!

Para aquellos que les gusta el letrero número dos, es hora de que cambien su forma de pensar. El querer obtener los detalles de algo que probablemente no debió haberse dicho, en especial si tienes la intención de continuar diciéndolo también, significa que no estás pensando con tu corazón.

Eso quiere decir que olvidaste una *gran* regla: traigan a la mente "traten ustedes a los demás tal y como quieren que ellos los traten a ustedes" (ver Mateo 7:12). Además necesitas recordar que aquellos que te digan cosas acerca de otros, también hablarán de ti a los demás.

Para aquellos que les gusta el letrero número tres de la página anterior, también para ustedes aplausos. Es muy bueno defender a un amigo o a alguien de quien crees se está hablando injustamente. Una vez que defiendes a alguien, asegúrate de no seguir dispersando las cosas que oíste, aun con aquellos que consideras tus buenos amigos. Algunas ocasiones, pasamos el chisme sólo con el hecho de expresar nuestra "preocupación" por alguien. Ya sabes, ese tipo de cosas que empiezas diciendo: "¿Sabías que María está...?", y entonces tu amiga, ahora sabe algo que antes no sabía acerca de María. Ten mucho cuidado con este tipo de comunicación porque puede llevarte directo al camino del chisme.

## Practica un estado mental como el de Jesús

Así que cuando alguien se te acerque con un delicioso bocado de chisme, es hora de practicar el tener un estado mental como el de Jesús. Antes de que te des cuenta, descubrirás que las personas se darán cuenta que a ti no te gustan sus chismes y dejarán de compartirlos contigo. El chisme entonces puede ser: "No te molestes en decirle a Carlos. A él no le gusta escuchar chismes. Es una de esas personas de Jesús". Lo cual está bien. No te importa que los demás piensen de ti como un niño de Jesús, ¿o sí?

# ¿Qué tal si el chisme se trata de ti?

Ahora, ¿qué tal si el chisme se trata de ti? Proverbios 26:20 dice: "Sin leña se acaba el fuego; sin chismes se acaba el pleito". En otras palabras, si no le soplas a la lumbre o reaccionas de cierta forma que hace que las personas piensan que lo que escucharon es correcto, el chisme pronto terminará. Cuando alguien empiece un chisme acerca de ti y se dé cuenta que realmente no lograron el resultado que esperaban, o sea hacerte sentir mal o quedar mal, entonces ellos pararán de hacerlo. Simplemente no valdrá la pena para ellos el seguir haciéndolo. El fuego se apagará.

Entonces, ¿por qué el chisme es tan destructivo? Después de todo, ¿cuál es el problema de pasar algo que escuchaste acerca de alguien, aun cuando no sabes si es cierto o no?

Juguemos un pequeño juego de verdades o mentiras. Tu parte consiste en decidir cuáles de los siguientes enunciados son verdaderos o falsos. Después tienes que decidir si crees el enunciado o no. ¿Estás listo?

### Primer enunciado:

Si quiero ser el presidente de la clase, tengo que hacer lo que sea necesario para ganar. No puedo preocuparme por la otra persona. Mi trabajo es ser el ganador.

### Segundo enunciado:

Si quiero ser popular, tengo que hacer lo que los demás chicos populares hacen, aun si en realidad no estoy de acuerdo con ellos.

### Tercer enunciado:

Si comparto las cosas malas acerca de alguien más, eso me hace ver bien porque significa que estoy al pendiente de todos.

## Ser un ganador

Entonces, ¿qué dicen todos ustedes que tienen la esperanza de ser el presidente de la clase o parte del equipo de natación o cualquier otra cosa en la que tengan que competir para entrar? ¿Es

La mejor forma de ganar

.más importante ganar y no preocuparte por la otra persona? ¿Simplemente haces lo que tienes que hacer, aun cuando no es totalmente lo correcto? ¿Qué es lo que el chisme popular te diría que hagas? ¿Qué es lo que Jesús te diría que hagas? ¿Qué deberías pensar al respecto?

## ¿Qué es el pensamiento correcto?

Tú tienes que comenzar con lo que es pensar correctamente. Tienes que empezar con Jesús y con un estado mental que pueda darte una clara dirección. Gálatas 5:25-26 dice: "Si el Espíritu nos da vida, andemos guiados por el Espíritu. No dejemos que la vanidad nos lleve a irritarnos y a envidiarnos unos a otros".

Cuando compitas, hazlo justamente. Que todo lo que hagas se base en tus valores y principios y con lo que creas que contribuye al equipo o al grupo. Hazlo de tal forma que sientas la bendición de Dios, ya que estás actuando de acuerdo a su voluntad y propósito para tu vida.

## Sé un ganador ante los ojos de Dios

Haz lo que sea necesario para ser un ganador ante los ojos de Dios y serás un ganador. La buena noticia es que no tienes que ser una estrella para poder ganar con Él. Ya eres su luz en el mundo. Tú eres su historia de éxito cada vez que escoges estar en su equipo.

## Ser popular

Es fabuloso ser popular. Es grandioso ser alguien a quien los demás conocen y quieren estar con él e invitarlo a todo. Es fabuloso, o al menos lo es así para aquellos que están fuera de la admiración de la popularidad. ¿Qué pasa realmente desde adentro? ¿Qué está pasando en la mente de aquellos que quieren aparentar que harían lo que sea para mantenerse popular? ¿Vale la pena vender tu alma?

El que seas popular significa que crees que tienes el poder, que puedes conseguir lo que quieres, hacer que otras personas consigan lo que quieres, sentirte importante en la escuela, etc. Cuando eres la persona popular, algunas veces te olvidas de ser la persona que piensa y actúa de forma independiente a la del grupo.

## El problema de pensar como el grupo

En la actualidad existen en el país muchas pandillas juveniles. En parte, estas pandillas existen porque los niños han caído en la idea de que ciertos miembros del grupo tienen poder y, si ellos quieren tener algún tipo de poder también, tienen que ser parte de la pandilla. Estos niños piensan que si el grupo hace ciertas cosas, entonces eso está bien. Ya sabes, es eso de hace mucho tiempo "si todos están brincando o jugando o haciendo el ridículo, ¿vas a hacer lo mismo también?".

## Todo lo que se piensa es incorrecto

Lo triste es que esa manera de pensar es incorrecta. Una vez que eres parte de la pandilla y has renunciado a la habilidad de pensar por ti mismo, has perdido el poder. De hecho, te has perdido a ti mismo y estás metido en más problemas de lo que piensas.

Gálatas 6:1-5 dice: "Hermanos, si alguien es sorprendido en pecado, ustedes que son espirituales deben restaurarlo con una actitud humilde. Pero cuídese cada uno, porque también puede ser tentado. Ayúdense unos a otros a llevar sus cargas, y así cumplirán la ley de Cristo. Si alguien cree ser algo, cuando en realidad no es nada, se engaña a sí mismo. Cada cual examine su propia conducta; y si tiene algo de qué presumir, que no se compare con nadie. Cada uno cargue con su propia responsabilidad".

Está bien ser popular. Está bien caerle bien a los demás, pero caerles bien por lo que eres realmente, como un hijo de Dios. Conviértete en un líder compartiendo tu sonrisa, tu amabilidad, tu amistad y tus creencias con aquellos que están alrededor de ti. El decir la verdad acerca de quién eres es lo que te dará libertad de ser tú mismo. Cuando no estás de acuerdo con las opiniones populares, está bien expresarlo. De hecho, *debes* decirlo para ser sincero contigo mismo.

## Sal del montón de gente

Nosotros vivimos en un mundo donde se recompensa al conocimiento. El conocimiento es poder, o al menos eso es lo que se nos enseña. Si sabes algo que las demás personas no saben, entonces tienes una ventaja sobre ellos. Esa es la forma en la que el mundo piensa.

### ¿Cómo piensas tú?

¿Cómo piensas *tú*? ¿Qué es lo que te ayuda a saber cuando es mejor estar fuera del montón de gente y no tratar con todas tus fuerzas por entrar? Cuando piensas en eso, tienes en tus manos la información más poderosa que el mundo haya conocido. Tú tienes la clave para la salvación y la vida eterna.

# Tu mejor arma para la batalla

Una de tus mejores armas es la Palabra. Juan 8:31-32 dice: "Jesús se dirigió entonces a los judíos que habían creído en él, y les dijo: 'Si se mantienen fieles a mis enseñanzas, serán realmente mis discípulos; y conocerán la verdad, y la verdad los hará libres'".

El conocimiento de la verdad de Dios debe estar dentro de ti y renovar tu mente con su Palabra. Si quieres ser inteligente, tener conocimiento, saber cosas, hazlo entonces desde la Palabra de Dios. Conócelo y tendrás el verdadero poder.

## Conoce a Jesús

Si no estás seguro de conocer a Jesús, entonces conócelo. Si no lo conoces muy bien, pídele a tu familia o a tu pastor que te cuente más acerca de Él. Jesús es tu amigo. Él está dispuesto a guiarte en cualquier momento que se lo pidas. Él murió por ti. Te ama tal y como eres. Que no te engañen. No permitas que nadie

cambie tu mente. Usa la verdadera sabi
través de la oración y a través de leer la Bib
tu mente y corazón en Cristo Jesús.

Si quieres compartir alguna noticia, comparte en
ces las Buenas Nuevas. Tú has sido llamado a hacerlo.
Deja a alguien más el chisme, las malas noticias y los
pensamientos equivocados. Tú no los necesitas. Que tu
luz brille por los pasillos de la escuela.

mento!
con esos
nentales!

S i lguna vez has visto una de las películas de *Star Wars (Guerra de las galaxias)* o cualquier programa de televisión, te has dado cuenta de la batalla que existe alrededor de nosotros entre el bien y el mal. Nosotros somos bombardeados por cosas que pueden desviar nuestra mente del camino; y no necesitamos un encuentro con Darth Vader para que eso suceda. Desde revistas, la radio, hasta los comerciales de la televisión, todo hace que sea más difícil para ti descubrir lo que es muy bueno y lo que no lo es.

# Entonces, ¿cómo proteges tu mente?

Es importante proteger tu mente de la misma forma en la que proteges tu cuerpo de los invasores externos. Te lavas las manos antes de cada comida para que no haya microbios en tus alimentos que dañen tu cuerpo. Te han enseñado normas de seguridad y salud, y reglas de otro tipo para protegerte cuando salgas al mundo. Pues, ¿adivina qué? También tu mente necesita protección extra; necesita una capa de hule, que haga que toda la basura que llega a tu mente rebote hacia fuera otra vez y que con seguridad permita a tus pensamientos estar en el camino correcto. Donde quiera que vayas, necesitas usar el casco de la salvación.

*Necesitas ponerte toda la armadura de Dios.*

Efesios 6:11-17 dice así:

*"Pónganse toda la armadura de Dios para que puedan hacer frente a las artimañas del diablo. Porque nuestra lucha no es contra seres humanos, sino contra poderes, contra autoridades, contra potestades que dominan este mundo de tinieblas, contra fuerzas espirituales malignas en las regiones celestiales. Por lo tanto, pónganse toda la armadura de Dios... Manténganse firmes, ceñidos con el cinturón de la verdad, protegidos por la coraza de justicia, y calzados con la disposición de proclamar el evangelio de la paz. Además de todo esto, tomen el escudo de la fe, con el cual pueden apagar todas las flechas encendidas del maligno. Tomen el casco de la salvación y la espada del Espíritu, que es la palabra de Dios".*

## Sacarte de tus casillas

¿Cuáles son algunas cosas que pueden estar amontonándose a causa de los espíritus de juegos mentales? Echemos un vistazo a algunos ejemplos y veamos qué se puede hacer para sacarlos de tu cabeza.

- ¿Quién te crees? Tú no puedes compartir tu fe con nadie. Los demás pensarán que eres un lunático.
- ¿Por qué oras para pasar tu examen? La oración no te servirá de nada.
- Sabes que realmente no te tienes que parar temprano para ir a la iglesia. Tus amigos duermen toda la mañana del domingo.
- En realidad no crees que tus papás crean en todas esas cosas religiosas, ¿o sí?

## Espíritus de juegos mentales

Los espíritus de juegos mentales quieren confundirte haciéndote pensar que todo lo que crees no es cierto. Ellos quieren hacerte sentir que simplemente no estás al corriente con el resto del mundo. Si permites que se apoderen de tu forma de pensar, ya no sabrás más en lo que crees.

Como cristiano, tienes que decidir qué es lo que vas a creer. A pesar de que eres joven, aun así tu fe es fuerte y conoces cosas en tu corazón que no están al mismo nivel con tu cabeza. Ya tienes las semillas de verdad plantadas dentro de ti y seguirán creciendo toda tu vida si las alimentas.

## Entonces, ¿qué deberías hacer?

Lo que tienes que hacer es orar en el nombre de Jesús y mandar lejos a esos espíritus. Tienes que decir en voz alta: "Vengo en el nombre de Jesús en contra de pensamientos falsos y espíritus de juegos mentales". Esos dardos encendidos caerán ante tus pies y te dejarán en paz. Ahí estarás de pie con tu escudo de la fe, y los trucos del maligno no se podrán acercar a ti. Despues de todo, tienes la armadura completa de Dios para protegerte. Estás mucho mejor que si estuvieras en un traje de hule o caminando de allá para acá en una burbuja gigante. De hecho, ¡hasta un súper héroe estaría deseando tener lo que tú tienes!

## Pensamientos acerca de los juegos mentales

■ **La verdad es que sabes exactamente quién eres.** Tú eres un hijo de Dios y puedes compartir tu fe porque Dios le dará fuerzas a tu espíritu para que lo puedas hacer. Cuando llega el tiempo adecuado para la persona a la que le compartes, entonces crecerán en fe también. Así es como funciona. Nosotros estamos en una familia que extiende su mano para traer a otros también a la familia.

■ **La oración es la mejor arma que tienes.** Tú debes sentirte siempre con la libertad de orar por cualquier situación. Puedes orar por un examen, por un amigo, por tu familia o por cualquier cosa que sientas que es importante orar. La oración es uno de los beneficios adicionales de estar relacionados con un Padre amoroso.

■ **Tú perteneces a la iglesia.** No siempre te dan ganas de levantarte para ir a la iglesia en una mañana de domingo. Sin embargo, probablemente has descubierto que cuando logras hacerlo, te sientes mucho mejor el resto del día. Tu corazón está más ligero, tu espíritu esta más en paz y el mundo parece un poquito mejor. Deja a tus amigos que se despierten tarde. ¡Tú necesitas ir a la iglesia!

■ **Si tus papás son cristianos, ellos pueden ayudarte.** Tú has ido a la iglesia con tus papás desde que naciste. Fuiste bautizado y puesto bajo su cuidado para que ellos pudieran nutrir tu fe, así como tu mente y tu cuerpo. Puede ser que tus padres han sido cristianos toda su vida y nada puede cambiar eso. Tus papás son tus aliados y están orando por ti para que crezcas y llegues a ser quien Dios tiene planeado para ti que seas. Si esto es cierto, entonces bendice a tus papás y agradéceles por lo que te han dado.

En el futuro, cuando estos espíritus de juegos mentales comiencen a molestarte, mentirte y hacerte sentir todo confundido en tu interior, recuerda esto: Puedes mandarlos lejos con sólo clamar en voz alta el nombre de Jesús. Ellos no pueden soportar ni tan sólo un momento de la gloria de Jesús. Tú tienes la verdad dentro de ti y ésta te hará libre.

La Biblia dice así:

*"Que su amabilidad sea evidente a todos. El Señor está cerca. No se inquieten por nada; más bien, en toda ocasión, con oración y ruego, presenten sus oraciones a Dios y denle gracias. Y la paz de Dios que sobrepasa todo entendimiento, cuidará sus corazones y pensamientos en Cristo Jesús"* (Filipenses 4:5-7).

Aquí está una pequeña lista que puedes usar para ayudarte cuando te sientas confundido por esos espíritus de juegos mentales. Te dará algunas referencias de la Biblia que puedes leer, algunas ideas para ayudarte a pensar con claridad y un espacio donde puedas anotar una o dos de tus propias ideas.

## Lista de qué hacer cuando los juegos mentales atacan tus pensamientos

1. Haz esta oración: "Querido Jesús, por favor protege mis pensamientos y mi mente. Por favor, protégeme de cualquier mentira que pueda venir a mi mente a causa de esos espíritus de juegos mentales".

2. Di en voz alta: "En el nombre de Jesús, vengo en contra de todo espíritu de juego mental".

3. Lee Filipenses 4:8-9. Este pasaje está lleno de cosas agradables para pensar. Dice así: "Por último, hermanos, consideren bien todo lo verdadero, todo lo respetable, todo lo justo, todo lo puro, todo lo amable, todo lo digno de admiración, en fin, todo lo que sea excelente o merezca elogio. Pongan en práctica lo que de mí han aprendido, recibido y oído, y lo que han visto en mí, y el Dios de paz estará con ustedes".

4. Platica con tu mamá o papá o con un amigo acerca de cualquier confusión que tengas.

5. Platica con tu pastor o con tu maestro de la escuela dominical acerca de tus pensamientos.

6. Confía en que Dios está contigo todo el tiempo y que escuchará tus oraciones con respecto a cualquier cosa que esté en tu corazón y en tu mente.

7. Norman Vincent Peale dijo: "Cambia tus pensamientos y cambiarás tu mundo".

8. Cuando sea necesario, repite cualquier paso de la lista.

9. Escribe tus pensamientos y preocupaciones de tal forma que puedas orar por ellos. Pon tu libreta de notas a un lado de tu cama y escribe tus pensamientos, la fecha y por lo que oraste o lo que estabas preocupado. Después revisa tus notas para descubrir cómo Dios contestó tus oraciones. Asegúrate tambien de incluir las respuesta en tu libreta de notas, porque ellas te renovarán y fortalecerán cuando tengas de nuevo una necesidad.

10. Recuerda quién eres y enfoca tus pensamientos en Jesús.

## Otro consejo acerca de los juegos mentales de los medios de comunicación

No puedo dejar este capítulo de los espíritus de juegos mentales sin hablar también acerca de los espíritus de juegos mentales de los medios de comunicación. Lo mencioné al inicio de este capítulo, pero quiero estar segura que entiendes que tu mente está siendo bombardeada con mucha información, y mucha de esta información está envuelta en paquetes muy bonitos para que los creas. No todos estos paquetes están diseñados para bendecir tu corazón, tu mente y tu alma. Necesitas protegerte a ti mismo de anuncios falsos, porque los recibirás todos los días.

Echemos un vistazo breve a algunas de las formas en que ésto sucede donde sea que voltees. ¿Quién está mandándote mensajes que son totalmente falsos o sólo verdaderos en ciertas situaciones o que tienen la intención de alejarte de lo que crees de ti mismo? Aquí están algunos ejemplos de esos golpeadores mentales que algunas veces son peligrosos.

■ **Comerciales de televisión** - *¡Cómprame! ¡Cómprame! ¡Cómprame!* Ya sabes, esos comerciales que te hacen sentir que no tienes lo más reciente, lo mejor o lo más genial que hay. Estos comerciales están diseñados para hacerte sentir que si tan sólo tuvieras sus productos serías más inteligente, más popular, tendrías mejor diversión y casi todo lo que te puedes imaginar. 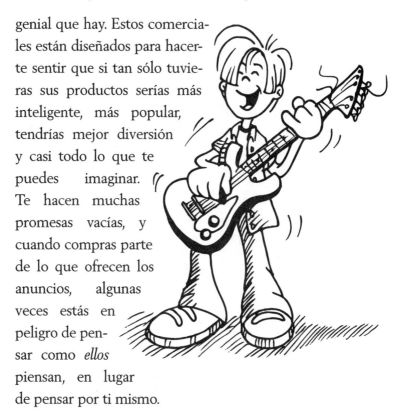 Te hacen muchas promesas vacías, y cuando compras parte de lo que ofrecen los anuncios, algunas veces estás en peligro de pensar como *ellos* piensan, en lugar de pensar por ti mismo.

- **Comerciales de radio** – Sé que no escuchas la radio tanto como lo hacían los niños de mi época, porque ahora tienes música en tu tocador digital, en tu computadora y en todas partes. Pero si pones una estación de radio, puede resultar muy triste escuchar todo el tipo de cosas que los comentaristas te dicen. Sólo recuerda que a ellos les pagan para conseguir tanta gente como puedan para que escuchen el programa, así que por lo general, no tienen un límite para decir cosas que impresionen a los oyentes. Si decides escuchar la radio, será mejor si escuchas las estaciones cristianas. Hoy en día existen grupos cristianos de rock muy buenos.

■ **Anuncios de revistas** – Sabes a cuáles me refiero. Esos que tienen fotos ingeniosas, brillantes y bonitas de juguetes, juegos electrónicos; anuncios que tratan de decirte cómo vestir, qué comer o qué pensar. Nuevamente, están diseñados para atraerte y conseguir que compres sus productos. El ir de compras es fabuloso y divertido, pero sólo asegúrate de saber por qué estás comprando algo. No compres algo por las promesas que el producto te ofrece, porque tal vez no las cumpla. Estos anuncios pueden retocar algo para que aparente ser bueno.

■ **Películas** – Tus papás deben ayudarte siempre a escoger qué tipo de película ves en el cine y, afortunadamente, muchas películas tienen el índice de audiencia de tal forma que los padres pueden hacer mejor ese trabajo. Sin embargo, aún así sigue habiendo cosas que son catalogadas como buenas para que las puedes ver, pero no puedo evitar preguntarme si estás recibiendo un mensaje incorrecto. Cualquier película que veas tiene que venir con un mensaje escrito que diga: "Esta es sólo una película...no es de la vida *real*". Algunas veces las películas pueden parecer como la vida real, pero no lo son. Si ellas tratan de comprometer tus valores o tus creencias, están mandando entonces un mensaje incorrecto.

■ **Periódicos** – No sé que tanto veas el periódico más allá de las páginas con caricaturas y los anuncios con cosas recientes, pero es bueno saber que cada periódico en el país esta diseñado para llegar a una audiencia diferente y está dirigido, de una forma u otra, hacia las necesidades de los lectores. Es decir, no es imparcial en sus artículo. Eso significa que escriben lo que creen que a los lectores les gustaría leer. El objetivo es vender más periódicos. Tú tienes que ser muy inteligente para saber cuando ellos sólo te estén dando su opinión.

- **Anuncios de la computadora** – Ahora es muy difícil escaparse de los anuncios sin importar a dónde vayamos. No tan sólo basta con los anuncios de carteleras o señales en las calles o en las marquesinas de los cines, ahora tienes que lidiar con los anuncios de todas partes del mundo, que llegan a la pantalla de tu computadora. Las buenas y las malas noticias son que ahora más que nunca puedes obtener más información que cualquier niño en el pasado. Esto literalmente puede jugar con tu mente.

*Entonces, ¿cómo puedes proteger tu mente de esta sobrecarga?* Regresa a la lista que incluimos en este capítulo. Comienza desde el principio y parte de ahí hasta que tu corazón y tu mente se sientan seguros de nuevo. Mantente en forma y no serás desviado del camino. ¡Tú lo puedes hacer!

# Capítulo 5

# Pensar acerca de lo que estás pensando

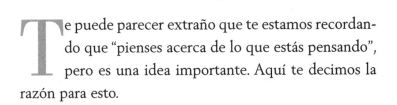

e puede parecer extraño que te estamos recordando que "pienses acerca de lo que estás pensando", pero es una idea importante. Aquí te decimos la razón para esto.

# Domar la mente divagadora

Aunque no lo creas, tu mente anda de aquí para allá en sus propias ondas y, de repente, puede estar pensando acerca de las cosas más extrañas. ¿Por qué es que mi mente, sin razón alguna, puede comenzar tan fácilmente a pensar en ciertas cosas, como el chocolate o el helado y qué es lo que me gustaría hacer en vez de lo que debo hacer? Tú sabes cómo es cuando estás leyendo un libro no muy interesante y de alguna forma, antes de que puedas decir "crema de cacahuate", estás muy lejos de las páginas de ese libro. Posiblemente eso también te pasa cuando estás leyendo la Biblia.

## Ayuda de la Biblia

Bueno, hablando de la Biblia, tenemos algunas pistas que encontramos en la Palabra de Dios para descubrir lo que nuestras mentes deben estar pensando. Veamos unas cuantas para que cuando tu mente esté bailando al ritmo de su propio tambor, la puedas traer de regreso a la orquesta.

Si miras en la Palabra de Dios, especialmente en el Salmo 119, te das una idea de lo que debes pensar. El salmista dice, comenzando en el versículo 9:

*¿Cómo puede el joven llevar una vida íntegra? Viviendo conforme a tu palabra. Yo te busco con todo el corazón; no dejes que me desvíe de tus mandamientos. En mi corazón*

*atesoro tus dichos para no pecar contra ti. ¡Bendito seas, Señor! ¡Enséñame tus decretos! Con mis labios he proclamado todos los juicios que has emitido. Me regocijo en el camino de tus estatutos más que en todas las riquezas. En tus preceptos medito, y pongo mis ojos en tus sendas. En tus decretos hallo mi deleite, y jamás olvidaré tu palabra (versículos 9-16).*

Hay que desarmar este pasaje y verlo con más detalle. La pregunta que está haciendo el salmista es posiblemente la misma que tienes tú: "¿Cómo puede el joven llevar una vida íntegra?" (versículo 9). Esa es una buena pregunta; de hecho, es una excelente pregunta y la respuesta viene a continuación.

## ¿Cómo puede el joven llevar una vida íntegra?

"Viviendo conforme a tu palabra" (versículo 9). ¡Viviendo conforme a la Palabra de Dios! ¡Wau!

Ahí lo tienes, y parece bastante sencillo, pero es una respuesta enorme. Podríamos dar ejemplo tras ejemplo de lo que significa obedecer la Palabra de Dios, pero sólo seleccionaremos algunos para ayudarte a comprender justo lo que significa... obedecer.

# ¿Qué sucede si lo intentas pero fracasas?

El salmista reconoce el problema de inmediato. Él dice, "Yo te busco con todo el corazón" (versículo 10). ¿No es verdad eso? Piensa en cómo te esfuerzas por obedecer a tus padres y vivir conforme a las reglas de tu familia. No siempre es fácil, ¿verdad? Hay veces en las que ni lo puedes hacer. Tal vez no tengas un libro de reglas que te ayude a ver la letra pequeña de las reglas de la casa, pero sí tienes un libro cuando se trata de las reglas de Dios. Ahí está tu Biblia para que la abras en cualquier momento, ¿verdad?

## Le pides a Dios que te ayude

El salmista continúa diciendo, "no dejes que me desvíe de tus mandamientos" (versículo 10). Él sabe de inmediato que no es fácil mantener las reglas y que va a necesitar ayuda. En verdad quiere obedecer pero es difícil. Luego el salmista le explica a Dios lo que ya ha hecho para ayudarse a seguir las reglas. Dice, "En mi corazón atesoro tus dichos para no pecar contra ti" (versículo 11).

*Ahora, a eso le llamo pensando acerca de lo que estás pensando.* ¿Qué signfica decir que has atesorado los dichos de alguien en tu corazón? Cuando tu madre te dice lo inteligente que eres, cuánto cree en ti y lo mucho que te ama, esas son palabras que puedes atesorar en tu corazón. Te sientes bien cuando atesoras esas palabras en tu corazón. Tú sabes cosas importantes acerca de ti mismo, sabes que eres querido porque eres una persona especial.

## Cuando atesoras la Palabra de Dios en tu corazón

Tú sabes que eso es cierto cuando atesoras la Palabra de Dios en tu corazón. Él dice que te ama, quiere que confíes en lo que Él tiene diseñado que llegarás a ser. También sabe que eres capaz de aprender más de Él y de trabajar duro para ser todo lo que Él quiere que seas. Bueno, esa parte alegra al salmista y expresa algo como: "Muchas gracias, Dios. Manos a la obra. Estoy listo para aprender lo que Tú tienes para mí".

Ahora él está que arde de amor por Dios porque tiene las palabras en su corazón y en su mente. Le dice al Señor exactamente qué más está dispuesto a hacer. Le dice: "Con mis labios he proclamado todos los juicios que has emitido" (versículo 13).

## ¿Cómo le demuestras a Dios que estás feliz de ser su hijo?

¿Acaso no es eso lo que haces cuando estás emocionado por algo y estás feliz? ¿No quieres que todos sepan lo que tú sabes? ¿No es esa una de las maneras de obtener gran gozo del amor que Dios tiene para ti? Le cuentas a tus amigos. Se lo dices a casi cualquier persona que esté dispuesto a escucharte.

## Incluso puede que te gusten las reglas

Por último, el salmista le dice algo más a Dios que es muy importante. Le dice: "Me regocijo en el camino de tus estatutos más que en todas las riquezas" (versículo 14). ¡Qué tal! ¿Quieres leer eso otra vez? ¿Te imaginas diciéndole a tu mamá que disfrutas vivir de acuerdo a sus reglas o las reglas de la casa? La mayoría de los niños, sin importar la edad, no se emocionan mucho cuando hay reglas que seguir. Al escritor de este salmo no solamente le gustan las reglas, sino que le encantan mucho, como algunas personas disfrutan ser millonarias. ¡Wau! Vaya que eso sí que es un bocado. Piensa en eso por unos momentos.

## Aquí hay una acción que puedes tomar

Terminamos esta porción del Salmo 119, con el creyente diciéndole a Dios qué acción tomará. Esto es algo que tú también puedes hacer. Le dice: "En tus preceptos medito, y pongo mis ojos en tus sendas. En tus decretos hallo mi deleite, y jamás olvidaré tu palabra" (versículos 15-16).

Esto es el núcleo de pensar lo que estás pensando. Piensa en los pensamientos de Dios, estúdialos, disfruta obedecerlos y no los olvides. ¡Eso es *enorme*! Léelo de nuevo:

■ Piensa en los pensamientos de Dios.
■ Estúdialos.
■ Obedécelos.
■ Recuérdalos.

Al igual que el salmista, es importante que pienses acerca de lo que Dios dice y cuáles son sus reglas para tu vida. Se toma mucho tiempo y mucho estudio para pensar lo que Dios quiere que sepas y entiendas. No es algo que puedes dejar para mañana. Es algo que comienzas a conocer ahora, para que Dios pueda aumentar tus pensamientos y tu entendimiento mientras crezcas, para ayudarte y protegerte en el mundo exterior.

## Unas cuantas historias que ya conoces, relacionadas a aprender a obedecer

### Más que un cuento de una ballena... nuestro hombre, ¡Jonás!

Esta primera historia puede sonar muy parecida a los problemas de Pinocho cuando se escapó de su amado padre y creador, Geppetto. De hecho, sale directamente de la Biblia y se encuentra en el libro de Jonás.

Aquí está la escena: El Señor le habló a Jonás y le dió instrucciones específicas de que fuera a Nínive a predicar contra la ciudad, porque la gente era completamente perversa y mala (ver Jonás 1:1-2).

¿Qué fué lo que hizo Jonás? Pues se paró y dijo, "Claro que sí, Señor," y salió huyendo en la dirección opuesta. Por alguna razón, Jonás tenía un concepto loco de que Dios no sabía donde estaría si corría, así que compró un boleto de un barco y se dirigió hacia la ciudad llamada Tarsis (versículo 3).

Imagínate a Jonás deslizándose sobre la cubierta del barco, pensando que era más astuto que el Dios del universo y que todo saldría bien. Claro que también nosotros a veces pensamos así, por lo que no podemos ser muy duros con Jonás.

Bueno, pues después de que Jonás encontrara una litera en el fondo del barco y se durmiera, Dios empezó a crear una tormenta que amenazaba con hacer pedazos al barco. Todas las personas que estaban en el barco clamaban a cualquier dios que se les ocurría buscando ayuda, pero parecía que nada cambiaba el clima. Finalmente, echaron suertes para averiguar quién tenía la culpa y, lo adivinaste, la suerte cayó en Jonás (versículos 4-7).

Los miembros de la tripulación le preguntaron quién era y hacia dónde se dirigía. Jonás tuvo que confesar que había huido del Dios del universo. Puesto que el mar no se calmaba, Jonás les dijo que lo echaran al agua y así el mar se tranquilizaría. Los hombres quisieron ser bondadosos con él y sólo querían remar su barco hasta la orilla, pero el mar no se calmaba. Finalmente le rogaron a Dios su perdón porque no querían matar a Jonás, pero no tenían otra opción más que echarlo al mar. En cuanto lo hicieron, el mar se calmó (versículos 8-15).

## Recogido de repente por un gran pez

Dios causó que un gran pez llegara y se tragara a Jonás con todo y su corazón cobarde, y Jonás vivió dentro del pez por tres días y tres noches (versículo 17). Por supuesto, dentro de un pez es difícil saber la diferencia entre los días y las noches; y probablemente Jonás nunca volvió a comer un pedazo de pescado, pero debemos seguir. Cuando estás dentro del estómago de un pez, comienzas a pensar mucho acerca de lo que estás haciendo y eso fue exactamente lo que hizo Jonás. Él oró, rogó por perdón. Le dio gracias a Dios por estar con él aun en esa situación. Hizo una promesa de obedecer a Dios por siempre. Así que Dios le habló al pez e hizo que vomitara a Jonás sobre tierra seca (ver Jonás 3).

## Sube a tomar aire

Jonás tuvo que haber sido un gran predicador para que Dios le diera otra oportunidad de ir y hacer lo que Él quería. Jonás ni siquiera tuvo que preparar un mensaje porque Dios le diría qué decir cuando llegara allá. La Biblia dice entonces que Jonás *obedeció* (ver 3:1-3).

Jonás atravesó la mitad de la ciudad de Nínive y le contó a la gente que la ciudad sería destruida después de 40 días (*¿has escuchado ese número de días anteriormente?*) (ver 3:4). Sin embargo, algo muy interesante sucedió y Jonás no se lo esperaba, pero podemos imaginar que Dios sí.

¡La gente le creyó a Dios! Decidieron ayunar y dejar de comer y vestirse con ropa que mostraba su tristeza de haber actuado así. Incluso el rey de Nínive hizo esto y ordenó que todos clamaran a Dios por perdón. Entonces Dios hizo algo maravilloso. Cambió de parecer y no destruyó la ciudad (ver 3:5-10).

Jonás se enojó. Lo gracioso es que se enojó con Dios por haber perdonado a la gente de la ciudad. Cuestionó a Dios por estar tan dispuesto a perdonarlos cuando habían sido personas tan pésimas unos cuantos días atrás. Dios fue muy paciente con Jonás y le dio otro ejemplo (ver Jonás 4:1-4).

Dios hizo crecer una planta para que le diera sombra a Jonás. Jonás se alegró al poder sentarse junto a la planta y disfrutar de su sombra. Pero al día siguiente, Dios causó que un gusano se comiera la planta, y la planta se murió. Entonces Jonás sufrió en el calor abrasador (ver 4:6-8).

Dios trató de mostrarle a Jonás que a él le importaba más la planta que la gente. Pero a Dios le importó más las ciento veinte mil personas en Nínive y Jonás era su respuesta para hacerlo (ver 4:10-11).

Qué bueno es obedecer a Dios, ¿no? Cuando pienses en la Palabra de Dios y cómo la puedes utilizar para ayudarte cuando quieres obedecerle, acuérdate de Jonás. Jonás aprendió de la manera más difícil que sus ideas estaban bien mojadas. Tú necesitas poner atención para cuando las cosas a tu alrededor empiecen a oler mal.

# Otro cuento de obediencia

## Mantente fuera del horno si no aguantas el calor

Tres chicos quienes podrían haber formado una banda musical de rock pero no lo hicieron, eran Sadrac, Mesac y Abednego. El rey Nabucodonosor los nombró líderes sobre Babilonia. Fueron amigos de Daniel, el que le ayudó al rey a interpretar sus sueños (ver Daniel 1-2).

Al comenzar la historia, el rey Nab (*¿Te importa si abreviamos su nombre para esta historia solamente?*) no estaba completamente convencido del Dios de Daniel, aunque más o menos creía en Él. De hecho, el rey Nab tenía una estatua (la Biblia no dice muy bien, pero puede que era una imagen de él) hecha de oro y con noventa pies de altura y la había puesto en Babilonia en un lugar bastante obvio para que todos la vieran (ver Daniel 3:6).

Estaba tan contento con su trabajo, que mandó mensajeros a decirle a la gente la noticia: "Todo el que no se incline ante ella ni la adore será arrojado de inmediato a un horno en llamas" (Daniel 3:6).

## Inclinarse ante estatuas de oro

Eso si que era bastante serio y la gente de todas partes estaba arrodillándose. Algunos babilonios que eran un poco chismosos y tenían rencor contra Sadrac, Mesac y

Abednego, quisieron causar problemas. Le dijeron al rey Nab que algunos de sus propios hombres no estaban jugando de acuerdo a las reglas. Hicieron que el rey acordara castigar a sus propios líderes (ver 3:8-12).

### ¿Otra oportunidad?

El rey Nab trató de darles otra oportunidad a estos tres muchachos, porque en verdad le agradaban. Les rogó que se arrodillaran delante de la estatua y entonces se podrían ir a sus casas. El rey tenía la seguridad de que ningún dios podría salvarlos del horno encendido y supuso que simplemente tendrían que hacer lo que él pedía (ver 3:13-15).

### Las cosas se calientan

Sin embargo, ya que ellos trataban de obedecer a Dios, contestaron así: "¡No hace falta que nos defendamos ante Su Majestad! Si se nos arroja al horno en llamas, el Dios al que servimos puede librarnos del horno y de las manos de Su Majestad. Pero aún si nuestro Dios no lo hace así, sepa usted que no honraremos a sus dioses ni adoraremos a su estatua" (Daniel 3:16-18).

Bueno, para el rey eso fue un poco difícil de escuchar. Se enojó muchísimo y le dijo a los que prendían el fuego en el horno que aumentaran el calor, de tal forma que fuera siete veces más intenso de lo normal. Hizo que sus soldados ataran a Sadrac, Mesac y Abednego y los aventaran al horno. Las llamas fueron tan calientes que los hombres que los lanzaron al fuego murieron al instante (ver 3:23-26).

## La sorpresa del rey

Después de haber arrojado a los tres hombres al horno, el rey Nab miró para ver cómo iba todo. Tal fue su sorpresa que ya no estaban atados los hombres y que había un cuarto hombre con ellos. Todos se veían perfectamente bien. El rey se acercó a la apertura del horno y les pidió a los hombres que salieran (ver 3:23-26).

## Ni siquiera un poquito tostado

Los tres hombres salieron. Su vestimenta no estaba quemada ni su cabello, incluso, ¡su cabello ni olía a humo! ¿Qué onda con eso? El rey Nab se emocionó y empezó a alabar a Dios. Se impresionó de que los tres hombres obedecieran a su Dios, le desobedecieran a él y que sus vidas fueran salvadas. Hizo lo mejor que podía hacer un rey en ese entonces, ascendió a los tres muchachos a puestos aún más altos en su reino (ver 3:26-30).

## ¿Qué podemos aprender de esta historia?

Si no obedecemos a Dios, por lo regular, no es un caso de vida o muerte, ¿o sí? Tú sabes en lo más profundo de tu corazón que te sientes feliz y bendecido, y que comprendes que tienes una relación muy especial cuando

obedeces a Dios. Cuando no obedeces a Dios, te quieres
esconder como Jonás o estar detrás de los arbustos como
lo hicieron Adán y Eva. En otras palabras, el obedecer a
Dios te trae una mejor vida.

Entonces, regresando a eso de pensar en lo que estás
pensando, estas historias también demuestran eso. Jonás
pensó que tenía una mejor idea que Dios, y aún después
de que huyera y Dios lo salvara, al final, de todas maneras
discutió con la decisión de Dios. Si piensas en eso, tal vez
decidas que es una mejor idea hacer lo que Dios te pide
desde un principio, antes de que tengas que lidiar con un
naufragio.

Sadrac, Mesac y Abednego te ayudan a ver que aún
cuando las cosas parecen estar completamente fuera de
orden, si sigues confiando en que Dios te ayudará y crees
que Él lo hará, tus creencias y tus pensamientos vencerán.
Si tus pensamientos no estuvieran enfocados en esas verdades por tanto tiempo, nunca podrías defenderte con
tus creencias y decirlas tan claramente, como lo hicieron
ellos. Estos fueron hombres que vivieron de acuerdo a la
voluntad de Dios y su propósito.

## Regresemos a estudiar la Palabra

Cuando estudies la Palabra por tu propia cuenta, recibirás todo aquello que hayas invertido. Entre más estudies, más entenderás. Entre más entiendas, tendrás más

poder para enfrentar las pruebas y los problemas de este mundo.

La idea básica es que si quieres hacer lo que la Palabra de Dios dice, debes tomar tiempo para pensar en ella. Romanos 12:2 dice así: "No se amolden al mundo actual, sino sean tranformados mediante la renovación de su mente. Así podrán comprobar cuál es la voluntad de Dios, buena, agradable y perfecta".

¡Mantén tus ojos puestos en la meta!

# Capítulo 6

# ¿Quién está cuidando tu mente?

¡**M**uy bien, todos al suelo y hagan cincuenta "lagartijas"! ¡Vamos, sigan, estoy hablando en serio! ¡Arriba, abajo, arriba, abajo! ¡¿Qué?! ¿Ya te cansaste? Necesitas poner tu corazón a hacer ejercicio. ¡Dale un poco de espíritu!

Cuando haces ejercicio, no consigues buenos resultados si no pones a trabajar todo tu cuerpo, tu mente y tu espíritu. Si alguna vez has jugado algún deporte o practicado desde una obra teatral de la escuela hasta un recital de piano, sabes muy bien que tienes que enfocar toda tu atención en lo que estás haciendo.

El aprender acerca de Dios y el pensar acerca de tu vida es lo mismo. Tienes que prestar atención, tienes que darle sabor. Tú tienes que praticar y practicar y prepararte para los grandes momentos cuando te llamen al centro del círculo. Dios está pendiente, dándote herramientas y poniéndote en forma para que formes parte de su equipo. Vamos a ver algunas de las cosas que pueden sacar a tu mente de la meta y distraerte del juego.

## Descubre si tus pensamientos están bien

Uno de los escritores de la Biblia fue luego un seguidor de Jesús, y su nombre era Saulo, que luego cambió su nombre a Pablo, el apóstol. Él habló de tener abiertos los "ojos de nuestro corazón" y llenos de luz (ver Efesios 1:8).

Por supuesto, tal vez recuerdes que Saulo era aquel que al inicio estaba en contra de los seguidores de Jesús. Él tenía el deseo de acabar con los seguidores del Señor; y mientras se dirigía a una ciudad llamada Damasco, para encontrar gente que pudiera castigar a causa de sus creencias, tuvo una experiencia increíble. Aconteció más o menos así (ver Hechos 9:1-2).

Al atardecer, Saulo y algunos de sus hombres iban por el camino hacia la ciudad. De repente, una luz muy brillante irradió sobre él desde arriba y una voz lo llamó: "¿Por qué me persigues?" (ver 9:3-4). Saulo podía escuchar la voz, pero no podía ver quién le estaba hablando ya que la luz era muy brillante. Él le respondió: "¿Quién eres, Señor?" (ver versículo 5). Jesús le contestó y le dijo quién era. Jesús le dijo a Pablo que siguiera su camino a la ciudad en donde se le diría qué hacer. Cuando la luz radiante desapareció, Pablo descubrió que estaba ciego. Sus hombres tuvieron que ayudarle a llegar a la ciudad (ver versículos 5-8).

## Ojos ciegos del corazón

Antes de continuar y seguir aprendiendo de lo que le pasó a Pablo, vamos a pensar acerca de ti y de mí. ¿Estamos algunas veces ciegos a lo que Dios quiere? ¿Necesitamos una luz radiante que brille sobre nosotros para entender lo que Dios quiere que conozcamos? Algunas veces estamos ciegos. Algunas veces no podemos ver y así salvarnos a nosotros mismos. De hecho, Pablo estaba en ese lugar donde no podía ver "para salvarse".

Por un momento piensa lo que significa cuando no pue-des ver. Tú sabes cómo es eso cuando buscas por el par de uno de tus calcetines o cuando buscas tu disco compacto favorito y sabes exactamente dónde lo pusiste,

pero no lo ves. Finalmente, le preguntas a tu mamá si ella sabe dónde está, y es desesperante, porque ella siempre sabe y simplemente no te explicas cómo lo hace.

El no encontrar tu calcetín es una clase de ceguera, pero el no tener abiertos los ojos de tu corazón, bueno, eso es otra cosa. Siempre puedes conseguir otro par de calcetines, pero no puedes conseguir otro corazón y otra mente para tratar de entender lo que Dios quiere que sepas. Tú tienes que estar dispuesto a mirar y descubrir eso por ti mismo. Tienes que buscar como si tu vida dependiera de eso, porque realmente lo está. Tu vida espiritual es así de importante para Dios.

Bueno, regresemos y veamos qué pasó con Saulo y después volveremos aproximadamente veinte siglos después, para descubrir qué es lo que te puede pasar a ti.

## ¡Que se haga la luz... en los ojos de Saulo!

Ahora puedes imaginar que Saulo estaba un poco asustado por lo que le pasó en el camino. En un minuto era un hombre con una misión, tomando un camino, dispuesto a golpear a unos cuantos cristianos; y al siguiente minuto, está atrapado en un gran rayo de luz desde el cielo, que lo tira al suelo, escucha una voz que se identifica a sí misma como Jesús, y cuando la luz desaparece, también su vista desaparece. De repente, está en la oscuridad a causa de lo que sucedió.

Cuando estás en la oscuridad, intentas encontrar el interruptor de la luz lo más pronto posible; y puedes estar seguro que Saulo esperaba algo así también. Cuando Saulo llegó a Damasco, estuvo en la oscuridad por tres días, orando y esperando que algo pasara. Tampoco comió ni bebió.

## Mientras tanto... al otro lado de la ciudad...

Al otro lado de la ciudad, Dios estaba ocupado preparando la respuesta a las oraciones de Saulo por la recuperación de su vista. Dios ya había hablado con uno de sus siervos, un hombre llamado Ananías. Dios le dijo a Ananías que fuera a visitar a Saulo (Dios cambiaría su nombre a Pablo como también su misión) y que sanara su ceguera (ver 9:10-12). Ahora, se oye bien que Dios te pida que hagas algo. Sin embargo, Ananías debió tener unos "ojos del corazón" especiales, para entender por qué Dios le pediría algo así. Él había escuchado de la reputación de Saulo de hacer cosas horribles a los cristianos. No creas que no estaba un poco nervioso de conocer a esta persona llamada Saulo (ver 9:13-14). Dios le aseguró nuevamente a Ananías que todo estaría bien, porque Él tenía nuevos planes para Saulo. Así que Ananías fue (ver 9:15-17).

Cuando Ananías encontró a Saulo, le dijo que Jesús lo había enviado, e incluso enfatizó que sabía que Jesús se le había aparecido en el camino. Eso le permitió a Saulo estar seguro de lo que ese hombre haría, ya que no le había contado a nadie lo que le había pasado (ver 9:17).

Ananías le dijo a Saulo que Dios lo había enviado para ayudarle a recobrar la vista y para que fuera lleno del Espíritu Santo. Cuando Ananías tocó a Saulo, algo como escamas cayó de sus ojos. Saulo vio la luz, fue bautizado y comió (ver 9:18-19).

## ¿Qué tiene que ver contigo la historia de Saulo?

Tú puedes leer por ti mismo la historia de Saulo en el capítulo 9 de Hechos. Su historia es un gran ejemplo de lo que significa estar ciego. Saulo era un hombre inteligente, fue a las mejores escuelas, tenía dinero, poder. Si viviera hoy en día, tendría una casa grande en la colina, con el mejor sistema de sonido de teatro y lo último en tecnología en cuanto a aparatos de cómputo, por el simple hecho de que sabía todo lo que sucedía. Sus amigos dirían que definitivamente, Saulo sería un buen tipo a quien conocer. Su futuro parecía prometedor.

¡Pero aún no sabía qué tan prometedor! Lo que quiero decir es que puedes tener la mejor colección de DVD's o la casa más bonita de la cuadra o ser el mejor alumno en la clase de geografía y aún así estar ciego. Así es, tu mente y tu espíritu pueden estar aún desconectados. De eso se trata la historia de Saulo y de eso se trata también tu historia. Tú necesitas conectar todo lo que has aprendido hasta ahora en la escuela, en la casa, en la iglesia, y descubrir si los ojos de tu corazón ya se abrieron. Necesitas descubrir si has entendido .

¿Entender qué cosa? ¿Entiendes que eres un hijo de Dios y que Él tiene un propósito para tu vida y una misión sólo para ti? ¿Entiendes que entre más pronto empieces en eso, más puedes hacer para Dios y Él puede resplandecer en ti más luz para ayudarte a enfrentar cualquier oscuridad que quiera envolverte? Tú necesitas ver la luz de la misma manera que Pablo la vio. Necesitas tener formas en tu mente, esa parte de ti que es completamente inteligente para poner tu espíritu al corriente, esa parte de ti que le pertenece por completo a Dios. De acuerdo a la Biblia, la mente y el espíritu deben trabajar juntos para entender todo esto por completo.

## ¿Cómo puede tu mente ayudar a tu espíritu?

Antes que todo, tienes que saber que tu espíritu está trabajando muy duro para que logres entender cosas acerca de Dios. Así que, aún cuando tu espíritu trata de ayudarte a vivir una vida mejor, tu mente puede estar demasiada ocupada para oírlo y para captar lo que está pasando.

Mira las cosas de esta forma. Piensa cuando tu maestro de matemáticas estaba tratando de explicar, una vez más, la raíz cuadrada y estabas allí escuchando, pero tu mente andaba en cientos de otras direcciones, así que la única cosa cuadrada en el salón en la que tu mente estaba dispuesta a pensar era tu maestro. Tu mente estaba muy ocupada como para pensar.

A tu mente divagadora agrégale el hecho que tu amigo está tratando de llamar tu atención. Tu mejor amigo está al otro lado del salón, tratando de decirte algo en voz baja, haciendo con la boca cada sílaba para que puedas entender lo que él dice. Pero el salón entero está en un alboroto, y por alguna razón, todos están hablando al mismo tiempo que no puedes escuchar al del lado, mucho menos a tu amigo que está al otro lado del salón. Ahora imagínate si pudieras escuchar los pensamientos de cada niño del salón. Hay tanto ruido ahora que casi no puedes escuchar tus propios pensamientos. La única manera en la que Dios puede llegar a ti a través de todo eso es prendiendo una luz. Él envía un rayo de luz radiante que se enfoca en ti, porque de lo contrario puede ser que no escuches lo que su Espíritu está tratando de decir.

Si tu mente está saturada con los pensamientos del día, con voces de otros niños vibrando en tus oídos, acompañada con lo que dijo tu mamá que iba a haber para la cena y lo que tu papá te dijo hoy que recordaras, tú no vas a estar en sintonía. De hecho, sería sorprendente si pudie-ras hacer algo del trabajo de la escuela.

# Entonces, ¿cómo escuchas la voz de Dios?

Procura estar muy, muy tranquilo; respira profundo y haz una oración; escucha. Tu mente debe estar en paz, debe estar lista para escuchar, estar alerta y estar en descanso. Tu mente no puede estar de aquí para allá. Ya hemos hablado un poco acerca de cómo estar al tanto de una mente que divaga. Una de las cosas que debes hacer es concentrarte. Recuerda la preparación que mencionamos al principio del capítulo; cuando te estás preparando para correr una carrera o para hacer ejercicio, tienes que concentrarte en el trabajo que tienes enfrente. Tu mente necesita ese tipo de enfoque todo el tiempo.

Si anoche no pudiste dormir lo suficiente o si tu mente está preocupada por algo, entonces puedes tener problemas con esta idea de concentrarse. Si en tu libro de ciencias sociales estás leyendo la misma página por tercera ocasión, es muy probable que no seas capaz de enfocarte. Descansa un poco y después trata de concentrarte. Todos soñamos despiertos de vez en cuando. Realmente no estamos hablando de cuando eso sucede, ya que algunas veces es importante que dejes descansar a tu mente. De lo que estamos hablando es del hecho de que puedes tener un poco de control sobre dejar que tu mente empieze a ir de aquí para allá, alcanzarla y traerla de regreso antes de que se vaya muy lejos.

Si tu perro anda de aquí para allá por el vecindario, sales y le hablas para que regrese a casa. No quieres que se desvíe muy lejos de tu hogar. Lo mismo es verdad en ti. Ya que el cuerpo es el templo de Dios, necesitas estar al pendiente todo el tiempo de lo que estés pensando. Si tu mente anda paseando, necesitas llamarla para que regrese a casa.

## ¿Qué tipo de cosas distraen tu mente?

La mayoría de los niños dirán que ellos pueden hacer fácilmente la tarea en frente de la televisión, con sus audífonos puestos, tocando su disco favorito, comer pizza y aún así sacar un diez en el trabajo que están escribiendo. Eso es lo que ellos dicen. Tal vez tú seas uno de esos niños que lo pueden hacer o tal vez no. Es bueno echar un vistazo a aquello que te puede distraer fácilmente, porque de esa manera puedes detener esas distracciones justo en su intención.

De la siguiente lista, trata de poner en orden lo que tú consideras que es más distrayente para ti. En una hoja de papel, enumera del diez al uno y observa si puedes descubrir qué cosa es la número uno que te distrae cuando tratas de enfocarte en algo que necesitas hacer.

## Distracciones comunes

- Comerciales de televisión.
- Canciones de la radio.
- Tu hermano o hermana que te interrumpe.
- Cuando el teléfono suena.
- El gato que brinca sobre tus piernas.
- Alguien afuera podando el pasto.
- El carro de bomberos sonando por la calle.
- El perro que ladra.
- El hambre.
- El timbre de la puerta.

Mira tu lista y el orden en la que la pusiste, y eso te dará una idea de lo que necesitas hacer para encontrar un lugar más tranquilo para trabajar cuando necesites concentrarte. Piensa en las ocasiones en las que quieres orar.

¿Algunas de estas cosas te distraen en ese momento? Si puedes mencionar aquellas cosas que te estorban para permitir que tu mente esté en paz, entonces puedes trabajar en algunas maneras para hacer que dejen de distraerte. Así tendrás un arma que te ayude a pelear en cualquier asunto cuando la mente va de aquí para allá.

## Los años maravillosos

Algunos de nosotros nunca hemos dejado los años maravillosos. Constantemente nos preguntamos por cualquier cosa. Podemos pensar en eso como una versión domada de la preocupación. Nos preguntamos qué habrá de cenar; nos preguntamos cómo será el examen de inglés; si tendremos buenos amigos a lo largo de nuestra vida; si realmente le caemos bien a las personas; nos preguntamos si mamá nos llevará al cine. Cuestionamos cualquier cosa todo el tiempo.

Una curiosidad saludable es algo bueno, por ejemplo, cuando te enfocas en un proyecto de investigación especial, sobre la vida de las abejas o lo que tarda en llegar un cohete a la luna. Tú puedes preguntarte estas cosas si es que vas a ir y estudiar sobre ellas para poder aprender algo. Ese tipo de curiosidad es de lo que se trata el preguntarse cosas. La mayoría de los científicos empiezan prenguntándose acerca de algo.

Pero nosotros estamos hablando de otro tipo de

preguntas. Estamos hablando de esas cosas pequeñas que ponen a pensar de más a tu mente porque en verdad no puedes hacer nada con respecto a ellas o no puedes conseguir de inmediato las respuestas y simplemente están fuera de tu control. Es totalmente una pérdida de tiempo cuando tu mente se pierde en ese tipo de preguntas. Así no obtendrás una respuesta muy pronto.

## ¡Cuando tu cabeza está llena de *ti*!

Cuando te preguntas acerca de todo, se te hace difícil tomar decisiones, te sientes confundido y no eres capaz de escuchar cualquier cosa que Dios esté tratando de decirte. Tu cabeza está demasiada llena de *ti*. Cuando tu cabeza vibra por todas las cosas que te preguntas, no puede estar en paz para recibir la dirección del Espíritu Santo. Necesitas detener todas esas preguntas, calmar tu mente y orar. Cuando ores, serás capaz de conseguir las respuestas que buscas.

Cuando leas lo que la Biblia dice en Marcos 11:23-24 te darás cuenta que Jesús no les dijo a sus seguidores: "Lo que estén pidiendo en oración, *pregúntense* si lo conseguirán". En lugar de eso, Jesús dijo: "Crean que han recibido lo que estén pidiendo en oración, y lo obtendrán".

¡Tú necesitas vivir en los años en los que crees!

# Capítulo 7

# ¡Cuando la mejor calificación que puedes obtener es *cero*!

Trabajas duro en la escuela. Tratas de sacar dieces lo más seguido posible llenando tu cabeza de ideas y hechos y opiniones. Haces eso en cada clase que tienes y al final del día, tu mente puede estar sobrecargada. Puede que pienses que es un milagro que tu mente no ha hecho corto circuito.

Aunque es muy bueno que saques esos dieces y que aprendas todo lo que puedas, es aún mejor que te tomes un descanso. Échate unas marometas, hornea unas palomitas y descansa. Regresa al inicio y respira profundo. En este caso, el regresar al inicio significa regresar a tu fuente de fuerza, de conocimiento verdadero y de inspiración. Puedes regresarte por completo hasta llegar a cero, donde el único dato que necesitas es tu fe en Jesucristo y su amor por ti. Es hora de ponerte la mente de Cristo.

"Ah sí, cómo no", has de estar pensando. "No es tan fácil que digamos. Si fuera una prueba, probablemente no la pasaría."

Pues tienes razón. No es fácil, pero sí es algo en lo cual puedes estudiar y trabajar. De hecho, hay mucho que puedes hacer.

A través del libro hemos hablado de cómo puedes tomar el tipo de decisiones que te darán el estado mental correcto. Decisiones correctas llevan a pensamientos correctos. Pensamientos correctos llevan a Jesús. Ya aguantaste hasta aquí, así que hay que seguirle, ¿cierto?

## ¿Cómo te pones la mente de Cristo?

Tenemos una parte de la respuesta en 1 Corintios 2:11-13, cuando dice: "Nadie conoce los pensamientos de Dios sino el Espíritu de Dios. Nosotros no hemos recibido el espíritu del mundo sino el Espíritu que procede de Dios, para que entendamos lo que por su gracia él nos ha concedido. Esto es precisamente de lo que hablamos, no con las palabras que enseña la sabiduría humana sino con las que enseña el Espíritu."

¡Wau! ¿Qué significa eso? Significa que en cuanto creemos en Jesús, Dios no da el Espíritu Santo para que entre en nuestras mentes y nuestros corazones, y nos ayude a entender las cosas de Dios con más plenitud. No podríamos entender las cosas del Espíritu si no tuviéramos a Jesús. Conforme vayamos creciendo, aprendemos más del Espíritu y nos hacemos más como Jesús. Bueno, al menos esa es la meta. Claro que suena bastante fácil, pero continuemos.

## ¿Qué significa verdaderamente ponerse la mente de Cristo?

Bueno, volví a mencionar esta pregunta porque el versículo de la Biblia nos dijo lo que sucede cuando tenemos al Espíritu Santo para ayudarnos a entender las cosas de Dios y las maneras en que puede pensar Jesús. ¿Cómo hacemos eso realmente?

Antes que todo, un ser extraterreste no llega y cambia nuestra mentalidad en un abrir y cerrar de ojos y entonces todo parece salir bien. Eso estaría bien pero no sucederá. Tampoco podemos echar al agua unas pastillas de buenos pensamientos, verlas disolverse, tomarlas y ser transformados de inmediato. De hecho, esta mente de Cristo no la recibimos para nada de manera rápida o fácil. Para convertirte de niño a adulto se requiere de un proceso muy largo, al igual que obtener una mente que se quiere seguir creciendo y aprendiendo. Todos trabajamos en eso. Todos queremos obtener más de lo que Jesús piensa y menos de lo que pensamos nosotros.

Tener un cambio del corazón es parte de tener un cambio de mente. Cuando tu corazón está "en el lugar correcto", como decimos con frecuencia, entonces eres más capaz de hacer lo correcto.

## Corazón, ser y mente

Jesús respondió, "Ama a tu Dios con todo tu corazón; es decir, con todo lo que piensas y con todo lo que eres" (Mateo 22:37 BLS).

¿Qué se necesita para poder hacer algo con tu corazón, tu ser y tu mente?

### *¿Qué es tu corazón?*

Tu corazón es tu centro de emociones. Es el lugar donde sientes profundamente las cosas que son importantes para ti. Es el lugar donde vive tu mamá, tu papá, tu familia y tus amigos. Es el lugar donde tienes los deseos más profundos de lo que quieres ser y de lo que quieres en la vida. Tú sientes todas estas cosas en tu corazón.

### *¿Qué es tu ser?*

Tu ser es la esencia de ti que vivirá para siempre. Es el lugar donde vive el Espíritu de Dios dentro de ti y se conecta con todos los otros aspectos que se someten a la voluntad de Dios. Juan de la Cruz dijo, "El ser es en sí la imagen más hermosa y perfecta de Dios".

En otras palabras, vale la pena entenderlo. Conforme creces en Jesús comprenderás más de tu ser.

### *¿Qué es tu mente?*

Tu mente es la herramienta que Dios ha creado dentro de ti que te da el poder para pensar, reaccionar y ver la vida desde todas las perspectivas. Es el vigilante de tu gozo y tu tristeza. Es el lugar donde te conoces a ti mismo y en lo que te convertirás. Es la parte de tu ser que continuamente necesita ser renovada.

Ahora, junta estas tres cosas y añádeles la idea del amor. Ama con todo tu corazón, todo tu ser y toda tu mente. Bueno, ¡esa sí que es una idea bastante gigante! Si piensas en amar a tu mamá o a quien sea que te interese con este grado de enfoque, entonces empezarás a descubrir hacia dónde nos dirigimos. Pero aguarda, aún tenemos que añadir el ingrediente más importante de esta declaración. ¿A *quién* debes amar? Debes amar a *Dios* con todo tu corazón, todo tu ser, y toda tu mente. Ahora, ¡trata de imaginar *eso*!

## Las cosas que te encantan

Piensa un momento en las cosas que te encantan. Te encanta el espagueti, te encanta el chocolate, te encanta la música, quieres mucho a tu mejor amigo y quieres mucho a tu perro. Esas son cosas bastantes pequeñas comparado con lo que Jesús está sugiriendo aquí. Todas las cosas que acabamos de nombrar no necesitan de todo tu corazón, ser y mente. Sólo Dios necesita eso. Estamos viendo el amor de una manera completamente nueva. Incluso, podríamos adivinar que Dios quiere que lo ames así, ¡porque así es como Él te ama a *ti*!

Lucas 10:27 lo expresa un poco distinto, dice:

*Ama al Señor tu Dios con todo tu corazón, con todo tu ser, con todas tus fuerzas y con toda tu mente. Y ama a tu prójimo como a ti mismo.*

Lucas incluso añade que debes amar a Dios con tu cuerpo físico también, con "todas tus fuerzas". Imagina tener todo este amor por Dios y saber que todo dentro de ti está en sintonía con este gran amor. ¿Qué debes hacer con él? ¡Las mentes curiosas quieren saber! Una de las respuestas que se dan es esta: Debes "amar a tu prójimo como a ti mismo". Si amas a tu prójimo como a ti mismo, es muy seguro que has intentado ponerte la mente de Cristo. Has aprendido qué tan importante es amar con todo lo que tienes y a poner las necesidades de otros antes que las tuyas. Esa es la meta. Eso es lo que Dios quiere que hagas.

## Una vez más, ¿qué significa amar a tu prójimo?

Toda tu vida has aprendido cómo amar a tu prójimo. Aprendiste a compartir tus juguetes en el kinder, aprendiste a ayudar en tu casa y a echarle la mano a quien lo necesitaba. Es la misma idea, pero no se trata de hacerlo sólo cuando te da la gana. Se trata de elegir esa manera de ser y actuar así todo el tiempo. Se trata de ponerse la mente de Cristo todos los días.

En Hechos 2-4, los creyentes estaban recibiendo su primera experiencia del Espíritu Santo. Esto era algo nuevo para ellos y les sucedió algo muy importante.

Estaban enamorados del Señor y enamorados el uno con el otro. *"Todos los creyentes eran de un solo sentir y pensar. Nadie consideraba suya ninguna de sus posesiones, sino que las compartían"* (Hechos 4:32). Este pasaje continúa diciendo que las personas que eran dueñas de casas y propiedades, las vendieron para que pudieran regresar con el dinero y compartirlo con los que tenían necesidad (ver versículo 34). Esa es una forma muy poderosa de ser de un sólo sentir y pensar. El cuidar a los necesitados sería "ponerse la mente de Cristo". ¿No sería increíble ver eso?

## Entonces, ¿cómo puedes cuidar a tu prójimo?

■ Pregunta en tu iglesia si puedes ser voluntario en el cunero o ayudar a los niños más pequeños con algún trabajo.

■ Ayuda con la escuela Bíblica de vacaciones.

■ Investiga maneras en que los niños pueden ayudar en sus comunidades cercanas.

■ Ora por otros.

■ Sé un buen ciudadano.

■ Ayuda en tu casa.

■ Abraza a las personas de tu familia.

■ Ayuda con tu mamá en una cocina comunal.

- Ve qué puedes sacar de tu armario y regálaselo a alguien menos afortunado.
- Ve si tienes juguetes viejos que puedes regalar.
- Escribe notas para las personas que no ves muy seguido y hazlos saber que los quieres.
- Consigue un amigo por correspondencia a través de la iglesia, que esté en Estados Unidos o en otro país.
- Dile a tu mamá que te dé otras ideas.

Aun así, sin importar lo que hagas, asegúrate de obtener el permiso de tus padres antes de empezar cualquier cosa. Estas son sólo algunas ideas de cómo puedes ser un buen prójimo y ayudar a otros. Estoy segura de que conoces muchas otras maneras y que ya estás compartiendo tus dones especiales. Con esas actividades te estás "poniendo la mente de Cristo". Tú verás que conforme ayudas a otros, tu manera de pensar en todo estará más alineada con la Palabra de Dios.

# Mantener una mente positiva

El ser una persona positiva se trata de tener una mentalidad positiva, lo cual no es lo mismo fingir estar contento siempre. El tener un mentalidad positiva realmente se trata de cómo eliges "ver" las cosas que suceden en tu vida. Veamos un ejemplo.

## Un huracán cierra el parque del mundo Disney

Tus vacaciones en familia han sido planeadas por meses y han decidido ir al mundo Disney en Semana Santa. Tú has estado contando los días y ahorrando tu dinero, decidiendo qué vestirás y qué dirás cuando conozcas a Mickey y a Minnie. ¡Estás listo para ir!

Un día antes de partir, el huracán *Arruinatodo* pasa por ahí y el parque es forzado a cerrar. Según las noticias, el parque permanecerá cerrado por varios días para poder hacer reparaciones después de que el huracán salga del área. A tu familia le darán boletos para que vuelvan cuado sea que ellos quieran.

## ¿Qué harás cuando esto suceda?

No importa que tengas una mentalidad positiva o negativa, se espera que estés desilusionado por esto. Después de todo, esperabas con anticipación la diversión y el escaparte de tu rutina normal. Sin duda, también están molestos tus padres. Esa es una reacción normal. *Pero* la clave es lo que haces con tu desilusión después de sobrepasar esos primeros sentimientos de enojo y tristeza. Veamos algunas reacciones posibles. Observa a Malhumorado, a Vivaz y a Berrinchuda.

### La historia de Malhumorado

¿Por qué tuvo que llegar ahora ese viejo huracán? ¿Por qué no le pudo arruinar todo a alguien más? ¡¿Por qué tuvo que arruinar la única actividad divertida que iba a poder hacer en todo el año?!

Todo lo malo me sucede a mí. Ya se fueron mis amigos en sus vacaciones de Semana Santa y ahora no tengo con quién jugar. Mi madre me hizo limpiar mi cuarto todos los días, durante semanas, porque ibamos a ir en este viaje y ahora ni vamos a ir.

**Odio mi vida. ¿Cómo es que nada bueno me sucede?**

Como verás, Malhumorado tomó el incidente en su totalidad y lo convirtió en una derrota personal. De alguna manera, todo el mundo está en contra de Malhumorado, y este huracán formaba parte de un complot para hacer su vida muy desagradable. Claramente, no está destinado a disfrutar de la vida y todo está arruinado. Esa es su mentalidad. ¿Le está sirviendo de algo?

## La historia de Vivaz

Vivaz estaba muy desilusionada cuando se enteró que su familia no podría viajar a la Florida. Miró sus maletas ya empacadas y sus dibujos de Cenicienta y de todos los personajes que con anticipación esperaba ver; y pensó en lo que haría.

Comenzó a ver en su libro todas las cosas que se pueden ver y hacer en el mundo Disney y se le ocurrió una idea. Ella haría un pase especial para cada miembro de su familia con el que pudieran entrar al parque. Sería un pase de "el-huracán-no-nos-puede-detener" y podrían imaginar que están jugando en el parque esa misma noche. Después de todo, sólo sería unas cuantas semanas, en la vida real, para poder ir.

Vivaz se puso a trabajar, recortó imágenes de juegos mecánicos, de estaciones espaciales y de personajes, y los pegó en pedazos de cartón. Después puso el nombre de cada miembro de su familia al lado de cada uno de los pedazos. Creó una invitación especial para que cada uno imaginara qué estaba sucediendo ahí y para que platicaran de toda la diversión que iban a tener en algunas semanas, cuando el parque volviera a abrir.

Vivaz bajó con su trabajo para poder compartirlo con su familia. Todos se divirtieron mientras platicaban de lo que harían cuando realmente llegaran al parque. Vivaz hizo sentir mejor a toda su familia.

Después de todo, el huracán no fue culpa de nadie. Vivaz quería ayudar a que todos se sintieran mejor lo antes posible.

¡Vaya la diferencia que hace una actitud positiva!

## La historia de Berrinchuda

Berrinchuda no recibió muy bien la noticia del huracán. Ella comenzó a estar un poco de mal humor, pero luego, simplemente se enojó. Su enojo la hizo sentir peor y peor, y se desquitó con todos los que estaban en su casa.

"No le creo a las noticias", le dijo a su padre. "Yo pienso que deberíamos ir de todos modos. Probablemente no está tan mal por allá."

Su papá le explicó: "Los aviones ni siquiera pueden volar en esa zona ahora, Berrinchuda. En verdad hay un huracán, pero no te preocupes, aún vamos a ir en algunas semanas, cuando todo vuelva a la normalidad".

Berrinchuda explotó. Subió las escaleras diciendo muchas cosas, azotó la puerta de su alcoba y comenzó a aventar cosas por toda su habitación. Su mamá fue a verla, pero Berrinchuda sólo le gritó con todas sus fuerzas. No le importaba lo que los otros tenían que decir. Estaba enojada y quería que todos lo supieran.

Incluso, Berrinchuda le gritó al gato, el cual en realidad no tenía nada que ver con la situación, sin importar cómo veía las cosas.

Por estos tres ejemplos, es bastante claro cuanta diferencia hace una mentalidad positiva. Sea lo que sea que se te atraviese y te pueda desilusionar –y la desilusión te vendrá muy seguido en la vida– tienes que controlarlo. Tienes que crear una manera de pensar acerca de eso que resulte mejor y no peor.

# ¿Cómo? Piensa pensamientos positivos

Puesto que ya estás enterado de la fase "ponerse la mente de Cristo", tienes una idea de lo que puede significar pensar de una manera positiva. Ten por seguro que Dios es positivo. Lo sabes en parte porque aprendiste, desde que eras muy pequeño, que Dios es amor. El amor es positivo. Tú entiendes la idea.

¿Qué puedes hacer para añadirle un giro positivo a las cosas que suceden en tu vida? Puedes:

- Buscar lo bueno en cualquier situación.
- Recordar que puedes cambiar tu mente y tu actitud.
- Pedirle a Dios que te ayude.

- Buscar algo mejor que puede llegar en el camino.
- Reconocer que Dios quiere lo mejor para ti.
- Reconocer que a Dios le importa cuando estás desilusionado.
- Buscar maneras de resolver un problema, en vez de hacerlo más grande.
- Permitir que te ayuden las personas que te quieren.
- Ayudar a las personas que quieres.
- Comer pizza.
- Tener una libreta de notas donde puedas recordar lo que hiciste que fue útil en caso de que esto suceda otra vez.
- Elegir sacarle provecho a la situación.
- Añadir tus propias ideas.

Puedes ver que, aunque tal vez no puedes controlar el clima o los huracanes o incluso eventos más pequeños en tu vida, *sí puedes* controlar cómo eliges mirarlos. Un buen lugar para comenzar es preguntarte a ti mismo cómo Jesús manejaría la situación. Siempre puede haber un punto prometedor si eliges ser positivo en las tormentas que se te atraviesan en la vida.

Mira, cada vez que algo te quiera derribar, puedes regresar al principio, al lugar donde Jesús te encontrará y ayudará a sobrellevar lo que está por venir. Nunca tienes que enfrentar por ti mismo los desafíos de la vida.

# Capítulo 8

# La duda y la depresión pertenecen al bote de basura

Dos de los más grandes demonios contra los que tu mente tiene que batallar son la duda y la depresión. Ambos se deslizarán lentamente alrededor de ti, esperando la oportunidad de meterse en tu mente y hacerte creer todo tipo de cosas que simplemente no son verdad. Piensa en ellos como grandes pandilleros tontos que no tienen lugar en tu vida. Ellos nunca son parte del plan de Dios para ti, y si te has puesto la mente de Cristo, les será muy difícil poder molestarte.

# Entonces, ¿cómo combates al demonio de la duda?

Tú puedes empezar escribiendo este pequeño poema en un papel y colgarlo sobre tu pared:

*La duda ve los obstáculos,*
*La fe ve las formas;*
*La duda ve la noche más oscura,*
*La fe ve el día;*
*La duda teme tomar un paso,*
*La fe se eleva en las alturas;*
*La duda se pregunta: "¿Quién cree?"*
*La fe contesta: "¡Yo!".*

No creo que Dios alguna vez ponga duda en nuestras mentes. Ese es un truco del demonio. La Biblia dice que Dios le da a cada hombre (y a cada niño) una "medida de fe". Romanos 12:3 (BLS) dice: "...no se crean mejores de lo que realmente son. Más bien, véanse ustedes mismos según la capacidad que Dios les ha dado como seguidores de Cristo".

Al inicio del capítulo, Pablo escribió: "Y no vivan ya como vive todo el mundo. Al contrario, cambien de manera de ser y de pensar" (versículo 2 BLS). Así que la pregunta es: ¿Permitirás que Dios transforme tu forma de pensar o dejarás que un demonio de duda esté en tu mente y te diga qué puedes o no puedes hacer? Esto es algo muy bueno para aprender ahora, porque te ayudará durante toda tu vida. La duda *no* proviene de Dios.

La parte chistosa es esta: Los demonios de la duda están comisionados a trabajar en ti *porque* tienes fe. Si no tuvieras fe, probablemente te dejarían en paz. Ellos tratan de atacar tu fe. Dios puso la fe en tu corazón. ¡No permitas que nada ni nadie te la quite!

## ¿Cómo puedes combatir contra los demonios de la duda?

### Lee, estudia y habla la Palabra

Los demonios de la duda descienden sobre ti cada vez que estás cansado o preocupado o simplemente no estás en la mejor condición. Por lo general, tus espíritus están bajos en defensa cuando vienen y te atacan. Lo mejor que puedes hacer es estar bien armado con la Palabra. Necesitas tener buenos versículos de la Biblia para que se los arrojes en la cara al espíritu de la duda, y antes que pase mucho tiempo, la duda se cansará de molestarte y se irá.

Si conoces la Palabra, puedes reconocer la duda cuando esté tocando a tu puerta y la puedes mandar muy lejos. La duda llena tu cabeza con mentiras porque quiere hacerte creer que tu fe en Jesús no es suficiente. Sin embargo, ¡tú sabes que sí!

Una de mis historias favoritas cuando empiezo a sentir que la duda me quiere sorprender, es el que está en Romanos 4. Es la historia que leemos en Génesis de lo que le pasó a Abraham. Miremos la fe de Abraham y veamos también cómo nos puede ayudar.

## La historia de Abraham

Toma en cuenta que te voy a contar la historia con mis propias palabras, pero puedes leerla por ti mismo en Romanos, tal y como es.

### Abraham le creyó a Dios

Esta historia empieza con esta simple afirmación: Abraham le creyó a Dios (ver Romanos 4:3). A Dios le agradó tanto eso, que le dio a Abraham algunos privilegios especiales. Ahora, sólo para dejar bien en claro, Abraham no hizo muchas cosas grandiosas. No hizo muchas obras buenas que hicieran que Dios lo escogiera de entre la multitud. Por lo tanto, Abraham no pudo presumir lo que hizo para conseguir que Dios le diera bendiciones especiales. No, simplemente Abraham le creyó a Dios. A Dios le agradaba convivir con Abraham debido a su fe, no por sus hechos. Así que, ¿cómo ayudó a Abraham este asunto de la fe?

Lo que esto significa es que Abraham tenía una relación con Dios que estaba basada en cosas del corazón, del alma y de la mente. Esas son las cosas de las que hablamos antes y son a las que Jesús se refería que es importante tener. Abraham tenía exactamente ese tipo de amor por Dios.

La Biblia nos recuerda que la fe es la clave. La promesa de Dios se nos da como un regalo gratis. ¿Qué era lo que tenía Abraham que lo mantuvo con fe? ¿Cuál era la promesa que Dios le hizo a él?

**Padre de muchas naciones**

Abraham le creyó a Dios cuando le dijo que tendría muchos hijos (ver Romanos 4:17). Incluso le dijo que sus hijos serían tantos como las estrellas (versículo 18). Eso le debió haber sonado imposible a Abraham. Sin embargo, Abraham creyó que eso podía pasar, aunque técnicamente él era demasiado viejo para ser papá, ya que tenía cien años de edad (¡y pensabas que *tu* papá era viejo!). Para su esposa Sara también había pasado la época de poder tener hijos, pero aún así, Abraham creyó que Dios podía hacer algo (versículo 19). Si Dios había dicho que Abraham tendría hijos, entonces él estaba muy seguro que los tendría (versículos 20-21). Abraham estaba totalmente convencido de que Dios podía cumplir sus promesas. Aún cuando Sara no estaba tan segura, se mantuvo fiel a su esposo. Su esposo se mantuvo fiel a Dios, y antes de que todo acabara, nació Isaac. Así que, esta es una historia muy poderosa acerca de un bebé, ¿no crees?

## Abraham le creyó a Dios

A mí me gusta mucho esta historia porque me recuerda que todas las cosas son posibles para Dios. Algunas cosas te van a parecer muy difíciles si no tomas en cuenta a Dios, pero si lo haces, Él hará que suceda todo lo que sea bueno para ti. Esta es una muy buena historia de lo que significa no dudar en Dios.

Pero, ¿qué hay de la historia de Tomás? ¿Te acuerdas de "Tomás el dudoso"? ¿Qué podemos aprender de él? Veamos su historia también.

# Tomás, viejo dudoso

Seguro conoces la historia de Tomás, el discípulo que antes de creerle a sus amigos, necesitó pruebas de que

Jesús había resucitado. Lo más probable es que algunos de nosotros podríamos necesitar la misma prueba para creer.

María fue la primera en encontrar a Jesús después de la resurección. Ella fue la que contó la historia de la conversación que tuvo con Jesús. Poco después, Jesús se les apareció a sus discípulos, pero Tomás no estaba presente en la reunión. Cuando Tomás llegó y le contaron lo que había pasado, dijo que no podía creer hasta que viera las heridas de los clavos en las manos de Jesús y la herida en su costado.

Así es como lo cuenta Juan 20:26-29:

*Ocho días después, los discípulos estaban reunidos otra vez en la casa. Tomás estaba con ellos. Las puertas de la casa estaban bien cerradas, pero Jesús entró, se puso en medio de ellos, y los saludó diciendo: "¡Que Dios los bendiga y les dé paz!" Luego le dijo a Tomás: "Mira mis manos y mi costado, y mete tus dedos en las heridas. Y en vez de dudar, debes creer". Tomás contestó: "¡Tú eres mi dueño y mi Dios!" Jesús le dijo: "¿Creíste porque me viste? ¡Felices los que confían en mí sin haberme visto!"* (Juan 20:26-29 BLS)

De hecho, puede ser que el viejo dicho, *"hasta no ver no creer"*, venga justo de esta historia. Las preguntas surgirán en tu camino de fe. Las dudas vendrán y te atacarán en cada oportunidad que tengan.

¿Cuál será tu respuesta? ¿Creerás a pesar de todo? Tu Señor y tu Dios tiene que surgir cada día en tu corazón, en tu mente y en tu alma.

## Ahora veamos a ese demonio de la depresión

En verdad espero que aún no hayas tenido que enfrentarte con la depresión a tu temprana edad y es mi oración que nunca lo enfrentes. Sin embargo, es probable que en cualquier momento estés cerca de alguien que sufre de una seria depresión. ¿Cómo sucede la depresión y cómo se domina? ¿Cómo puedes superar esta arma de golpes mentales?

Cuando empiezas a sonar como Eeyore (Igor en español), el de Winnie Pooh, cuando nada parece ir bien para ti, te sientes cansado y te sientes mal todo el tiempo, entonces eso podría ser un poco de depresión. La depresión puede hacerte sentir que el peso del mundo está sobre tus hombros y que no tienes respuestas para nada. El sol se apaga, ya nadie está jugando y todo parece desalentador.

En mi libro para adultos, utilicé el Salmo 143 para ayudarles a encontrar formas de superar al demonio de la depresión. Usaremos la versión de la Biblia en lenguaje sencillo (BLS) para ti, pero vamos a ver este salmo y descubrir cómo puede ayudar.

## Regresa a la luz

### Paso uno: Encuentra qué es lo que está causando el problema

*Mis enemigos quieren matarme; me tienen acorralado y en constante peligro de muerte.*    – Salmo 143:3

¿Cuál es el problema? Él estaba siendo atacado por las fuerzas de la oscuridad, estaba sintiendo como si todo a su alrededor fuera negro y como si no tuviera control de lo que estaba pasando.

Cuando tienes un problema y no puedes encontrar cuál es su origen o por qué te sientes tan triste, tal vez quieras detenerte y ver si estás en medio de una batalla espiritual. La batalla espiritual está siempre sucediendo y algunas veces puede afectarte personalmente.

## Paso dos: Ve lo que la depresión realmente te está haciendo

*Ya no siento latir mi corazón; ¡ya he perdido el ánimo!*
*– Salmo 143:4*

Tu respuesta a la depresión es que te sientes con temor y sin esperanza. Empiezas a creer que simplemente te encuentras en la oscuridad y que no puedes encontrar el camino de regreso a la luz.

## Paso tres: Piensa en las cosas que te hacen sentir bien

*Me vienen a la mente los tiempos pasados y me pongo a pensar en todas tus acciones; ¡tengo muy presente todo lo que has hecho!*   *– Salmo 143:5*

Si es posible, puede ayudar que te detengas y pienses en las cosas buenas que Dios ha hecho hasta ahora por ti. Piensa en la familia amorosa que te dio o en los buenos amigos que tienes; piensa en la vacaciones que tomaste el año pasado o lo divertido que estuvo la escuela bíblica de vaciones. Piensa en las cosas buenas.

## Paso cuatro: Sea lo que sea,
## ¡agradécele a Dios!

*¡Hacia ti extiendo mis manos, pues me haces falta, como el agua a la tierra seca!*

— *Salmo 143:6*

¿Qué es lo que pasa cuando estás muy triste? Quieres conseguir cosas para sentirte mejor. Te sientes seco y sediento, y quieres que alguien se encargue de tus necesidades. El salmista dice que una opción que tienes es "extender tus manos" hacia Dios. Busca al Señor para que te ayude a seguir creyendo que Él tiene las respuestas. Cree que Él te puede llenar y hacerte feliz de nuevo. Ese paso lo puedes empezar agradeciéndole todo lo que ha hecho por ti en el pasado.

Recuerda que Jesús dijo que Él es "agua de vida" (ver Juan 4:10).

## Paso cinco: ¡Pídele a Dios que te ayude!

*Dios mío, ¡respóndeme pronto, pues la vida se me escapa! ¡No me des la espalda, o ya puedo darme por muerto!*

— *Salmo 143:7*

Tú te das cuenta de lo que está pasando, sientes que no puedes aguantar más y realmente necesitas ayuda. Eres como una persona que se agarra de una cuerda con todas sus fuerzas y espera a que el escuadrón de rescate llegue a tiempo.

Cuando le pides a Dios que te ayude, sus rescatistas llegan al instante. Él manda al Espíritu Santo a consolarte, a cuidar de ti y a darte fuerza para que aguantes hasta que las cosas empiecen a cambiar.

## Paso seis: Escucha lo que Dios quiere decirte

*En ti confío; ia ti dirijo mi oración! Cada nuevo día hazme saber que me amas; idime qué debo hacer!*
*– Salmo 143:8*

Mira lo que esto te está diciendo. El versículo dice tres cosas muy importantes:

1. Debes querer escuchar lo que Dios te dice más que a cualquier cosa. Tu amor por Él debe ser tu guía.
2. Debes confiar que Dios te sacará del problema.
3. Debes pedirle que guíe tus pasos y que te dé dirección, ya que ésta es tu oración.

## Paso siete: Debes orar y orar más

*Dios mío, líbrame de mis enemigos, pues en ti busco refugio.*
*– Salmo 143:9*

Observa dónde está poniendo el salmista toda su atención. Le está pidiendo a Dios que lo salve. Le está

diciendo al Señor que quiere estar aún más cerca de Él.
Imagínate a un pollito corriendo hacia su mamá gallina
para protegerse bajo sus alas, porque tiene miedo de algo
en el corral. Esa es la imagen. Tú puedes ir al Señor en busca de
refugio y Él te protegerá. Debes mantener tus ojos en Él
como el único quien realmente puede ayudarte y hacerte
ver más allá del problema.

## Paso siete: Pídele a Dios sabiduría y dirección

*Tú eres mi Dios. ¡Enséñame a hacer lo que quieres que
yo haga! ¡Permite que tu buen espíritu me lleve a hacer el
bien!* – Salmo 143:10

¿En cuántas ocasiones nos hemos perdido del camino?
¿Cuántas veces ponemos toda nuestra preocupación y
energía en el problema que tenemos en frente, en lugar
de pedirle a Dios que nos ayude?

El salmista no tan sólo le está pidiendo a Dios que
le ayude, sino que le está diciendo: "Aún necesito más
lecciones acerca de hacer tu voluntad. Aún soy un estudiante, aún necesito un maestro. Ayúdame a hacer tu
voluntad porque tú eres mi Dios, tú eres mi Salvador
personal. Ya he entregado mi corazón y mi mente a ti".

Entonces termina con un deseo, un tipo de oración.
Su oración es que el buen Espíritu de Dios lo dirija en

lo porvenir. Le dice: "Ponme en tierra firme, Señor. Mantenme seguro en ti. Ayúdame a mantenerme sobre mis pies."

Si tienes demonios de depresión tocando a la puerta trasera, tú puedes mantenerlos lejos con estos pasos. Si necesitas ayuda, permite que tu mamá o papá o algún buen amigo trabaje contigo para cumplir los pasos. Esa es la razón por la cual Dios nos dio personas, para estar a nuestro lado y que cuiden de nosotros.

Lo más importante es recordar que tienes algunas opciones de cómo pensar sobre ciertas cosas. Tienes algunas herramientas que puedes usar para que te ayuden a pensar mejor, pero estas herramientas no harán desaparecer tus problemas. Si lo hicieran, serían como fórmulas mágicas que necesitan de una varita, no problemas reales que necesitan de un Padre celestial. Tú eres un hijo de Dios. Siempre tienes un lugar dónde compartir tus problemas. Dios siempre estará dispuesto a ayudarte hasta que pue-das ver la luz de nuevo.

# Capítulo 9

# Hierbas locas de preocupación (¡y cómo deshacerse de ellas!)

Digamos que Dios te plantó en un jardín. Primero, eras una planta pequeña y tierna; Él te nutrió y te dio lo suficiente para beber y comer, hizo salir el sol para que pudieras jugar con la brisa y para que disfrutaras la belleza a tu alrededor. Entonces, creciste. Ahora que estás floreciendo por completo, puedes ver el mundo mucho mejor que cuando eras muy pequeño. Ahora, empiezas a preguntarte por todo. Ahora que lo pienso, Dios plantó a las primeras personas en un jardín e hizo exactamente eso. Él proveyó todo para ellos, les dio todo lo que necesitaban para que crecieran fuertes y felices. Dios estaba siempre con ellos y le encantaba ver cómo disfrutaban de lo que les rodeaba. Entonces un día, también ellos empezaron a preocuparse y a preguntarse. Visitemos a Adán y a Eva, nuestros primeros padres, allá en el paraíso. Ahí es donde la preocupación comenzó.

## Plantar preocupaciones en el jardín

Génesis 3 nos cuenta la historia:

"La serpiente era más astuta que todos los animales del campo que Dios el Señor había hecho, así que le preguntó a la mujer: '¿Es verdad que Dios les dijo que no comieran de ningún árbol del jardín?'

"Podemos comer del fruto de todos los árboles –respondió la mujer. Pero, en cuanto al fruto del árbol que está en medio del jardín, Dios nos ha dicho: "No coman de ese árbol, ni lo toquen; de lo contrario, morirán".

"Pero la serpiente le dijo a la mujer: ¡No es cierto, no van a morir! Dios sabe muy bien que, cuando coman de ese árbol, se les abrirán los ojos y llegarán a ser como Dios, conocedores del bien y del mal.

"La mujer vió que el fruto del árbol era bueno para comer, y que tenía buen aspecto y era deseable para adquirir sabiduría, así que tomó de su fruto y comió. Luego le dio a su esposo, y también él comió."

*Entonces, fue como si sus ojos se hubieran abierto.*

– *Génesis 3:1-7*

## ¡Nunca escuches a una serpiente!

Te puede parecer gracioso que en verdad te aconseje que nunca escuches a una serpiente, pero en realidad los tiempos no han cambiado. Esa misma serpiente que engañó a Eva en el jardín, trata de engañarte a ti también. ¿Viste lo que hizo en el jardín? Primero, la serpiente cuestionó a Eva, como si ella no hubiera entendido lo que Dios había dicho. Actuó como si estuviera haciendo una pregunta inocente y causó que Eva dudara de lo que sabía. Incluso, hizo que dudara de lo que Dios mismo le había dicho.

## ¡Retrocede!

Retrocede un momento y piensa en ocasiones en las que comenzaste a dudar. Tal vez alguien se burló de tu fe o te preguntaron algo de lo cual no tenías la respuesta y entonces empezaste a preguntarte si en verdad conocías a Dios tanto como pensabas. Bueno, pues eso es más o menos lo que le pasó a Eva. Ella comenzó a dudar si sabía realmente aquello que debería hacer. Ahora, observa lo que hizo esa serpiente astuta. Ella va de nuevo con Eva y le dice algo que sabe que le va a interesar. La serpiente hace parecer como si ella fuera la única "que *realmente* sabe las respuestas acerca de Dios". Hace que su mente se preocupe acerca de la verdad.

## El hoyo de la serpiente

Regresando contigo. Puede que hayas tenido una experiencia en la escuela, de alguien compartiendo información contigo que parecía ser verdad. Tal vez te dijeron que tu mamá no sabía realmente de lo que hablaba cuando te dijo que no fumaras, ya que fumar en realidad no se convierte en adicción, así que puedes fumar y parecer más adulto. Ellos pueden hacer parecer incorrecto todo aquello que te dijo alguien que te ama y se preocupa por ti. ¿Y después qué? Ellos te ofrecen un cigarro, y tal vez como a Eva, piensas: "Sólo probaré uno. No es gran cosa".

Esa es la razón por la cual nunca deberías hablar con una serpiente. Cualquier forma de serpiente, desde Satanás mismo hasta un supuesto amigo en la escuela, puede sólo estar esparciendo la duda y la preocupación, y tratando de atraparte en pecado. ¿Por qué crees que una serpiente se arrastra sobre su estómago? ¿Por qué crees que se esconde en la oscuridad?

Podríamos sacar más cosas de esta historia, pero el punto principal que quiero que veas es cómo la duda y la preocupación puden trabajar juntas para hacerte pecar, hacerte ir en contra de las cosas que sabes que son buenas.

## Poner tu cara contra el viento

Tú estás en una edad en la cual tienes que estar seguro de pararte firme sobre tus creencias. Tu mente será bombardeada con vientos fuertes de información que pueden parecer buenos, pero en realidad son dioses falsos y enojados. Si no estás bien arraigado en tu fe, puedes ser sacudido por las ideas de otras personas. Los vientos de la duda soplarán contra ti en todas las direcciones. Antes de que te des cuenta, estarás totalmente derribado, porque no tendrás ya más un cimiento firme; las hierbas de la duda y del disgusto te ahogarán. Tu espíritu se secará. Y ese no es un jardín muy bonito como para estar en él.

## Encontrar de nuevo la paz

La paz mental es esencial para tu crecimiento y bienestar. Es posible que hayas notado qué tan seguido los escritores de la Biblia y los discípulos se saludaban con un deseo de paz. Ellos vivían en tiempos difíciles y no daban por hecho los momentos gloriosos, cuando sus mentes se sentían libres y sus corazones estaban en paz con Dios.

Tú tampoco deberías hacerlo. Afortunadamente, vivimos en una cultura que nos da la libertad para adorar y la oportunidad de expresar nuestra fe en Dios en cualquier momento y lugar. En muchos lugares, tanto del mundo antiguo como del moderno, no cuentan con esta bendición. La paz es un regalo de Dios y es uno de los beneficios de tener tu corazón y tu mente alineados con su voluntad.

## La paz es un fruto del Espíritu

En Gálatas 5:22-23 podemos leer los frutos del Espíritu. Leamos estos versículos y veamos de qué manera nos pueden ayudar en esos momentos cuando nuestra mente está con ansiedad y preocupación.

"En cambio, el fruto del Espíritu es amor, alegría, paz, paciencia, amabilidad, bondad, fidelidad, humildad y dominio propio. No hay ley que condene estas cosas." ¡Esto es como si fuera Navidad todo el año! Dios ha amontonado regalos que podemos tener en cualquier momento, y son sin costo para ti porque eres un creyente. Tú tienes los regalos para cuando decidas tomarlos del árbol de su divino amor por ti. Eres parte de su jardín, unido a su viña eterna, lo que significa que siempre estás bajo su cuidado. Mira esos regalos, son tan grandes que Él no podría guardarlos en una caja de regalo aún si quisiera. Ellos están amarrados completamente con amor y lo único que debes hacer es tomarlos.

Sin embargo, el regalo en el que queremos enfocarnos ahora es *la paz*. Tú no puedes tener al mismo tiempo una mente preocupada y con paz. ¡Eso simplemente no puede ser! Si vas a dar tu mente a la preocupación, te podrías encontrar en el mismo lugar que Eva en el jardín, hablando con la serpiente. Sólo el Espíritu de Dios puede darte paz. Ese es el único fruto que quieres escoger.

## La forma en que la preocupación ayuda

Hagamos una lista de todas las formas en que has descubierto que la preocupación ayuda a tu vida. Veamos cuántas veces la preocupación ha hecho algo mejor para ti. ¿Estás listo? Empecemos.

La número uno es...

Bueno, después regresamos a ésta.
La número dos es, eh, oh sí, claro,
aquí está...le dio algo que hacer a
mi mente. *No*, no lo hizo. Lo que hizo fue
sacar a tu mente de la oración hacia
Aquel que en verdad podía ayudarte
con tu preocupación. Así que elimina
esa de tu lista.
De acuerdo, la número tres es la que
te dio algo de qué platicar con tus
amigos. Está bien. Si lo que necesitas es la plática negativa "pobre
de mí", sigue así. Pero, ¿y
después qué? ¿Lograste
alguna respuesta? ¿En-
contraste alguna solución?

Por supuesto, no estoy hablando de esas conversacio-
nes donde en verdad buscas formas positivas y posibles
para lidiar con una situación que ya has entregado a Dios
en buena fe. Estoy hablando de esas charlas huecas con
amigos en las que tratas de superarlos en cuanto a tu horrible vida. ¡Eso es crear *más* preocupación!

Tú entiendes, la preocupación nunca ofrece solucio-
nes, nunca te guía hacia Dios. Sólo te lleva más adentro
de ti mismo y empeora tus asuntos hasta que estás sobre

tu estómago, como la serpiente, en lugar de tus rodillas, como deberías estar.

## Después de todo, ¿de qué te preocupas?

Veamos algunos ejemplos más de la Biblia que provocan que la preocupación surja. ¿No es interesante ver cómo la Biblia es actual y relevante? Nosotros podemos obtener de ella ejemplos maravillosos que nos ayudan con lo que sucede hoy en día, en el siglo 21. ¡Sorprendente! Empezando con Mateo 6:25, nos podemos dar cuenta qué tan inútil es preocuparse por las cosas diarias de nuestra vida. Jesús dijo:

*"Por eso les digo: No se preocupen por su vida, qué comerán o beberán; ni por su cuerpo, cómo se vestirán. ¿No tiene la vida más valor que la comida, y el cuerpo más que la ropa? Fíjense en las aves del cielo: no siembran ni cosechan ni almacenan en graneros; sin embargo, el Padre celestial las alimenta. ¿No valen ustedes mucho más que ellas? ¿Quién de ustedes, por mucho que se preocupe, puede añadir una sóla hora al curso de su vida? ¿Por qué se preocupan por la ropa? Observen como crecen los lirios del campo. No trabajan ni hilan, sin embargo, les digo que ni siquiera Salomón, con todo su esplendor, se vestía como uno de ellos. Si así viste Dios a la hierba que*

*hoy está en el campo y mañana es arrojada al horno, ¿no hará mucho más por ustedes, gente de poca fe?"* *(versículos 25-30).*

## ¡Tu vida es más importante que las cosas!

Mientras estás aprendiendo a pensar en cosas de nuevas formas, espero que te des cuenta que ya eres bastante inteligente. De hecho, ya te habrás dado cuenta que entre más cerca te pegues a Dios, tendrás menos de qué preocuparte. Entre más te mantengas en el mundo, te sentirás más insatisfecho con lo que tienes. La verdad es que si tienes o no el aparato electrónico más reciente para tocar música o eres dueño de tu propio celular o vistes lo más moderno de la moda, tienes más que la mayoría de los niños en el mundo. Incluso, el simple hecho de que tengas todos los días comida sobre la mesa y un lugar para bañarte cuando quieras o un lugar acogedor para dormir, significa que tienes más que la mayoría de este mundo.

## Entonces, ¿qué pasa si no tienes un iPod?

La única razón para que veamos eso es para obtener la perspectiva. Si te sientes como si no tuvieras todo lo que tu mejor amigo tiene, detente y piensa en eso. ¿No te han provisto con cada cosa que ha sido esencial? ¿No has sido poderosamente bendecido?

El pasaje de la Biblia que acabamos de ver es un recordatorio de que Dios ha cuidado de todos aquellos que creó, justo como lo hace con las aves y las flores. Él ha asegurado que la vida puede ser sustentable y para disfrutar.

Probablemente quieres tomar un tiempo para ir a observar unas cuantas aves. ¿Parecen estar preocupadas? G.K. Chesterton dijo que "los ángeles pueden volar porque no se permiten ningún sobrepeso". A veces, pareciera que también necesitamos hacer eso. Necesitamos quitar el sobrepeso y tomar en serio nuestra fe y sabremos, sin duda ni preocupación, que todo aquello que necesitamos está siendo atendido. Dios ha planeado las cosas para nuestro bien. Dios ya ha planeado las cosas para *tu* bien.

De hecho, Él te recuerda que vales más que cualquier ave. Así que, ¿por qué te preocuparías?

# ¡Busca, espera, persigue, ve tras Dios!

Una de las cosas más importantes se encuentra en este versículo que debes recordar en cualquier momento que seas tentado a dudar. Se encuentra en la misma sección de Mateo, en el versículo 33. Dice así: "Más bien, busquen primeramente el reino de Dios y su justicia, y todas estas cosas les serán añadidas".

En otras palabras, cuando realmente luchas para que Dios sea el número uno en tu vida y lo buscas en cada cosa que haces; y llenas tus pensamientos con Él, queriendo más de lo que Él ofrece, descubrirás que estás en paz. Te darás cuenta que está pendiente de ti de una forma enorme, y que no tienes preocupaciones para nada.

¡Sigue así! Busca más de Él y menos del mundo. Tú comenzarás a ver las cosas de manera diferente y a pensar correctamente. Esas hierbas locas de preocupación se secarán porque de todas formas, no pertenecen a tu jardín. Ahora, ¡eso es un respiro de aire fresco!

## Tirar todas las preocupaciones

Si sigues pensando que simplemente no puedes dejar de preocuparte, entonces tratemos de darte algo más que hacer con tu tiempo. Después de todo, es posible que no puedas hacer nada con la preocupación, pero Dios puede ayudarte si es que realmente quieres sobrepasarla. Aquí te doy algunas ideas:

# Toma un día a la vez.

Digamos que el día de hoy tienes cien dólares en tu cuenta de "vida" en el banco. Haces uso de un poquito de ese dinero con el simple hecho de pararte y vestirte y prepararte para el día. Haces uso de un poco al pensar sobre tu examen que presentarás en la escuela o en el ensayo para la obra de la escuela, y ahora, sólo te quedan ochenta dólares para el día y apenas son las 8 de la mañana.

Para las 10 a.m., descubres que tu amiga Reina está enojada contigo y que olvidaste por completo entregar la tarea de matemáticas, del día de la semana anterior que no fuiste a la escuela porque estabas enfermo. Tu maestro está un poco molesto contigo; y ahora sólo te quedan sesenta dólares.

Antes del mediodía, estás preocupado acerca de cómo le puedes hacer para entregar esa tarea de matemáticas, cuando sabes que tu familia quiere salir en la noche. Aún tienes que presentar en la tarde el examen de historia y no te sientes muy seguro de estar preparado para hacerlo. Sabes que tu papá estará muy enojado si obtienes otra calificación de lo que él piensa que es menos de tu mejor esfuerzo. Para esta hora, el día no ha avanzado ni la mitad, y sólo te quedan treinta dólares.

Mientras caminas de la escuela de regreso a casa, estás tan preocupado que no logras ver al niño con su bicicleta que viene sobre la banqueta y tienes que brincar fuera de su camino, lo que provoca que tus pantalones se manchen cuando chocas contra el poste de luz. ¡Nada ha salido bien el día de hoy!

## Llegas a tus últimos diez dólares

Tu mamá te dice que saques a pasear al perro cuando llegues de la escuela, y el perro se suelta a correr. Tienes que ocupar tiempo para perseguirlo y aún tienes tarea que hacer. Ahora sólo te quedan diez dólares en tu cuenta de vida.

Literalmente, has gastado la mayoría de tus dólares en preocupaciones del día. ¿De qué forma puedes hacer un depósito para que las cosas vuelvan al buen camino, antes de que gastes todo por completo?

## ¿Qué hacer cuando ya no puedes más?

Regresa a través de tu día. ¿Cuándo pudiste haber aumentado tu cuenta en el banco? ¿Cuándo pudiste haber escogido hacer algo más que preocuparte?

Tú pudiste haber empezado tu día con una oración. Pudiste agradecerle a Dios por haber estado contigo a lo largo de la noche y haber pedido su ayuda para el resto del día, mientras tomabas tu examen y los ensayos de la obra. Pudiste haberle agradecido otra vez por ayudarte y salir por la puerta de tu casa con una cuenta de banco llena.

Cuando descubriste que tu amiga estaba enojada contigo, pudiste escoger encontrar el problema y tratar de solucionarlo rápidamente. Pudiste haber tomado un tiempo para hablar con ella y decidir cómo manejar las cosas; pudiste haber tratado de solucionar el problema en lugar de sólo preocuparte por él.

Lo mismo pasa con tu tarea de matemáticas. Pudiste haber ofrecido quedarte a la hora del almuerzo y terminar la tarea o haber establecido un tiempo con tu maestro para entregarla a primera hora de la mañana siguiente o después del tiempo de la escuela. Sin importar la solución, no debiste haberte preocupado. Pudiste haber tenido una cuenta de banco llena, para gastar en cosas más divertidas.

¿Entiendes la idea? Si gastas cada momento en preocuparte, podrías quedar totalmente agotado para manejar las cosas. Ocúpate de las cosas que puedes y deja el resto a Dios.

### Puedes hablar la Palabra de Dios.

Si en tu vida memorizas unos cuantos versículos de la Biblia, éstos te ayudarán cuando seas tentado a preocuparte. Algunos de estos versículos están en Filipenses 4:6-7 y dicen así:

*"No se inquieten por nada; más bien, en toda ocasión, con oración y ruego, presenten sus peticiones a Dios y denle gracias. Y la paz de Dios, que sobrepasa todo entendimiento, cuidará sus corazones y sus pensamientos en Cristo Jesús."*

Ahora puedes ver la respuesta. Platica con Dios, dile lo que necesitas y agradécele por estar pendiente de ti y estar contigo. ¡Tienes su Palabra!

**Dale a Dios tus preocupaciones y mantente fuerte.**
La preocupación te hace cada vez más débil, te roba tu gozo y fortaleza. Mira lo que te dice 1 Pedro 5:6-9:

*"Humíllense, pues, bajo la poderosa mano de Dios, para que él los exalte a su debido tiempo. Depositen en él toda ansiedad, porque él cuida de ustedes. Practiquen el dominio propio y manténganse alerta. Su enemigo el diablo ronda como león rugiente, buscando a quien devorar. Resístanlo, manteniéndose firmes en la fe, sabiendo que sus hermanos en todo el mundo están soportando la misma clase de sufrimientos."*

Esta es la razón por la cual es muy importante cuidar lo que estás pensando. Cuando te encuentras en un estado débil, puedes estar seguro que el enemigo está pendiente de cada oportunidad en que pueda entrar a tu vida. Mantente firme con tu familia de creyentes y podrás ganar fácilmente la batalla.

***Toma un tiempo y descansa en la mano de Dios.***

La preocupación es su propia actividad. Es decir, estás tan ocupado agitando las aguas de tu vida, que probablemente no pudiste escuchar a Dios si es que estaba hablándote para tratar de ayudarte. La preocupación es como una banda de rock pesado, ruidosa y molesta. Tú necesitas poner tapones en tus oídos para que puedas escuchar. La preocupación te dice todo tipo de cosas feas y hace que le pongas atención a causa de su ruido.

# Desconecta el cable de la preocupación

¡Detén la música! ¡Desconecta el cable de la preocupación! Deja ya de escuchar. Cambia el disco compacto por algo más tranquilo que ayude a relajarte. Descansa en el cuidado y la gracia de Dios.

Jesús te dijo en Juan 14:27:

*"La paz les dejo; mi paz les doy. Yo no se la doy a ustedes como la da el mundo. No se angustien ni se acobarden."*

Jesús no se preocupó, ¡así que no tienes que preocuparte tú tampoco!

***Decide en tu mente que la preocupación es una pérdida de tiempo.***

Después de haber leído este libro, es probable que todavía te preocupes acerca de ciertas cosas. Parece ser parte de la naturaleza humana. Sin embargo, no tiene que ser tu naturaleza. En verdad puedes escoger pensar que la preocupación es una pérdida de tiempo. Eso es lo que estos versículos de la Biblia están tratando de decirte. Cuando seas tentado a preocuparte regresa y lee estos versículos una y otra vez, hasta que sean más importantes para ti, que cualquier cosa de la que puedes estar preocupado. Toma la decisión en tu mente y tu espíritu será renovado.

Mira lo que dice Hebreos 13:5 y 6:

*Manténganse libres del amor al dinero, y conténtense con lo que tienen, porque Dios ha dicho: "Nunca te dejaré;*

*jamás te abandonaré. Así que podemos decir con toda confianza: El Señor es quien me ayuda; no temeré. ¿Qué me puede hacer un simple mortal?"*

¿Puedes ver qué tan protegido estás? ¿Te das cuenta de que Dios ve todos los detalles de tu vida?

Bájate del tren de la preocupación y súbete al tren donde el conductor nunca te deja en un lugar donde tú no quieres estar.

Cumple con lo que te corresponde y Dios hará su parte. Él no quiere que lleves esa carga más allá de su puerta.

Tú puedes depender de Él, ¡y esa, es una promesa!

# Capítulo 10

# Aquí viene la juez

No precisamente de las olimpiadas

### Una breve historia: El juez de la cuarta banca de la iglesia

No siempre es fácil encontrarlos, pero los jueces están por todos lados todo el tiempo. No nos damos cuenta qué tan cerca pueden estar observando lo que hacemos, lo que decimos y lo que vestimos; pero está sucediendo de cualquier modo. Veamos desde la banca de la iglesia, con la cual todos podemos estar relacionados.

Tú has traido a una desconocida a la iglesia. Tu amiga no asiste a ninguna iglesia, así que estás emocionado de traerla. Ella está vestida con pantalones rotos de mezclilla y con una playera que tiene un tipo de símbolo como el de la paz; su cabello tiene un tinte morado y tiene un tatuaje en su hombro izquierdo. Mientras caminas hacia dentro de la iglesia, la juez de la banca cuatro empieza a analizarla. Mmmm...no está vestida apropiadamente para ir a la iglesia, y es obvio que es una chica alocada, con ese tatuaje y su cabello morado. Eso fue todo. Se levanta la pancarta y la juez le da a tu amiga un 2.0 de calificación, como alguien quien realmente no pertenece a la iglesia. Aún cuando la juez te conoce, no está en sus planes hablarte esta mañana. En lugar de eso, sostiene bien arriba la pancarta con el 2.0.

Un poco después, durante el servicio, la juez de la banca cuatro descubre que tu amiga es una estudiante de otro país y que está de visita. Tu amiga ha venido esta mañana para hablar brevemente sobre el tema de la libertad y de la fe, y sobre cómo es ser un niño en un país donde no se permite la libertad de profesión de fe. Ella no va a la iglesia porque en su país no está permitido. Ella es brillante y comparte su fe con mucha facilidad. Se ríe de su cabello morado y explica que se lo tiñó la noche anterior para asegurarse de captar la atención, ya que quería que todos escucharan lo que tenía que decir. En especial, acerca del gran amor que Dios tiene por todos sus hijos. Todos disfrutan al escuchar la historia.

La juez de la banca cuatro se dice a sí misma que ella sabía desde el inicio que esa niña era una buena persona. Ella revisa su calificación anterior y ahora le da a la niña un 10. Se siente tan complacida consigo misma de ser tan buena juez en cuanto al carácter. Entonces sotiene la nueva pancarta con un 10 sobre ella.

**Fin.**

Sin importar si eres como la niña o como la juez de la banca cuatro, esta historia se repite todo el tiempo. No sólo sucede en la iglesia. La historia sucederá en cada situación que experimentes. Siempre serás un juez y serás juzgado.

La Biblia nos dice en Mateo:

*"No juzguen a nadie, para que nadie los juzgue a ustedes. Porque tal como juzguen se les juzgará, y con la medida que midan a otros, se les medirá a ustedes. ¿Por qué te fijas en la astilla que tiene tu hermano en el ojo, y no le das importancia a la viga que está en el tuyo? ¿Cómo puedes decirle a tu hermano: "Déjame sacarte la astilla del ojo", cuando ahí tienes una viga en el tuyo? ¡Hipócrita!*

*Saca primero la viga de tu propio ojo y entonces verás con*
*claridad para sacar la astilla del ojo de tu hermano."*

Vamos a examinar este pasaje por completo y veamos cómo podemos usarlo para nuestro propio bien y también para el bien de los demás.

## ¿Por qué juzgamos a otros?

Algunos de nuestros razonamientos podrían ser estos:

- Pensamos que los demás no conocen las reglas; es decir, ¡nuestras reglas!
- Pensamos que nosotros tenemos la respuesta, así que queremos compartirla.
- Queremos que los demás conozcan qué tan inteligente somos.
- Queremos que los demás nos admiren.
- Queremos sentirnos bien con nosotros mismos.
- Creemos que es nuestro trabajo hacer que los demás hagan las cosas correctamente. (A eso se le llama "orgullo arrogante").
- Pensamos que estamos dando un servicio necesario.
- No nos detenemos a pensar que nosotros podríamos estar equivocados.
- Es más fácil decirle a los demás en lo que están equivocados que tomar una mirada honesta a nosotros mismos.

- Nos olvidamos de la regla número uno: ¡Ámense los unos a los otros!

No hay duda de que podríamos seguir con la lista, pero pensemos en algunos de los puntos basados en lo que Mateo nos dice.

## La espada de dos filos del juicio

Se nos dice de inmediato que "dejemos de juzgar a otros". Probablemente estás pensando que a ti te enseñaron que deberías juzgar a otros para que así puedas decidir si quieres que sean tus amigos o no. Tú crees que de esa manera estás siendo sabio. Bueno, nosotros no estamos hablando aquí de escoger tus amigos. Estamos hablando de lo que hacemos algunas veces tanto a amigos como a desconocidos por igual.

## Enviar al juez

El versículo de la Biblia en Mateo, se trata de esos momentos cuando criticamos a los demás de una forma en la que puede ser no justa. Podría ser un juicio inocente sobre el cabello de alguien, su vestimenta o su actitud. Está bien tener una opinión y mantenerla para uno mismo, pero si sientes la necesidad de comentárselo a la persona o a alguien más, entonces el problema inicia. La Biblia dice: "No juzguen a los demás o ustedes serán juzgados".

Ahora, ¡eso es interesante! ¿Podría esto significar que tan pronto como juzgas a alguien acerca de cómo se ve el día de hoy, esa persona que viene por el pasillo es alguien que va a hacer el mismo juicio sobre ti?

De pronto, el juego del juicio ya no es tan divertido. Ahora ya no estás al control porque perdiste el juego tan pronto como lo empezaste a jugar. ¡Te convertiste sólo en la próxima persona a quien criticar! La parte chistosa es que, sea como sea, nadie tiene el derecho a juzgar.

¡El único que está calificado para juzgar es Dios!

A ti te han enseñado la regla: "Haz con los demás lo que quieres que ellos te hagan a ti". Cuando llega el momento de cómo quieres que ellos "lo hagan a ti", probablemente la regla te sorprenderá. Pero, ¿qué pasó con la primera parte? ¿Qué hay de la primera parte acerca de cómo tratar a los demás? ¿Qué calificación te darías a ti mismo en cuanto a eso?

## Lograr la salida

El chiste de ver cuando se juzga a los demás se trata de cómo nosotros "vemos" a los demás.

### ¡Necesitamos lentes nuevos!

Nosotros pensamos que necesitamos corregir ese pequeño problema que tiene alguien más, porque no queremos que los demás se enteren que nosotros tenemos un gran problema. Estamos cegados ante nuestras propias fallas.

Nos damos pretextos para comportarnos mal. Pero en Romanos 2, la Biblia dice que no tenemos pretexto o alguna defensa para nuestro comportamiento cuando juzgamos a otros, ya que hacemos lo mismo hacia nosotros mismos. La viga está atorada en nuestros ojos que no nos podemos ver a nosotros mismos. Toma unos momentos e imagina esa viga atorada en tu ojo. ¿Puedes ver algo?

## Vigas atoradas

¿Te has dado cuenta que cuando estás de buen humor, el mundo parece estar mucho mejor? ¿Eres más agradable hacia la gente que está a tu alrededor, perdonas más, eres más amigable? No necesitas que los demás sean como tú.

¿Qué sucede cuando estás en algún apuro por algo y simplemente estás amargado con respecto a todo? Entonces piensas que todos deberían ver las cosas como tú las ves, ves sólo las cosas malas de los que te rodean y piensas que el mundo está en tu contra. Eso pasa cuando te diriges directo a una viga atorada. Es cuando ni siquiera eres capaz de sentir o ver el juez que se esconde dentro de ti.

## Tener un buen juicio

Por favor, entiende que a lo largo de todo este capítulo acerca de juzgar, no estamos hablando de tener un buen juicio. No estamos hablando de esas cosas que sabes que deberías hacer para estar seguro y tener cuidado contigo mismo y con los demás. Estamos hablando de las cosas que están desencadenadas en tu mente que te dan un pretexto para pensar cosas malas acerca de los demás.

La batalla de tu mente es constante, y si las vigas no se amontonan de una forma, lo harán de otra. Entrar a un salón, vestido con una toga larga y negra y golpeando un martillo de juez, no ayudará a que hagas amigos o que compartas del amor de Dios. Sólo estás preparando todo para que los demás niños quieran huir de ti.

### ¿Cómo mantienes lejos al juez?

- Deja de dar pretextos para tu comportamiento.
- Mírate nuevamente a ti mismo.
- Busca lo *bueno* en los demás.

■ Pídele a Dios que te muestre lo que *tú* necesitas entender acerca de la forma en la que piensas.

■ Analiza tu corazón y tu "medidor del amor", para que te des cuenta si tus pensamientos vienen del lugar correcto.

■ Analiza tu nivel de confianza en los demás y mira si necesitas cambiar ciertas cosas.

■ Analiza tus amistades y trata de ser más amigable.

■ Agradece a Dios de que sea Él quien se encargue de todas las cosas que no entiendes acerca de los demás.

■ Renuncia a tu necesidad para permitir que los otros sepan qué tan "correcto" eres.

■ Saca primero la viga de tu propio ojo.

### Ver con más claridad

Tú has sido bendecido. Eres un hijo de Dios. Observa lo que dice la Biblia en 2 Pedro 1:5-9 (BLS):

*"Por eso, mi consejo es que pongan todo su empeño en: Afirmar su confianza en Dios, esforzarse por hacer el bien, procurar conocer mejor a Dios, y dominar sus malos deseos. Además, deben ser pacientes, entregar su vida a Dios, estimar a sus hermanos en Cristo y sobre todo, amar a todos por igual. Si ustedes conocen a Jesucristo, harán todo eso y tratarán de hacerlo cada vez mejor. Así, vivirán haciendo el bien. Pero quien no lo hace así es como*

*si estuviera ciego, y olvida que Dios le ha perdonado todo lo malo que hizo."*

El sacar la viga de tu propio ojo te ayudará a ver las cosas con más claridad. Tomar un momento para pensar, antes de que apliques un juicio sobre alguien más, te ayudará a ser más amable y amoroso. Tú estás creciendo en el Señor todos los días. Permite que tu corazón guíe tus pensamientos y te mantenga siempre en el amor de Dios.

## También sé amable contigo mismo

Recuerda también que mientras piensas cosas buenas acerca de los demás, está bien pensar cosas buenas de ti mismo. Hablarte a ti mismo con cariño es algo amoroso que puedes hacer. A veces, el juez dentro de ti es demasiado duro contigo. Si descubres que eso está pasando, regresa y aplica todas las herramientas que usarías para ser más amable con los demás y úsalas para ti. Eso te ayudará a ver las cosas con más claridad. Es posible que descubras que la viga de tu ojo ha desaparecido.

# Capítulo 11

# ¡Cambia tu mente y tus calcetines!

## Hey, ¿ya casi llegamos?

Lo más probable es que hayas estado con tus papás en algunos viajes que parecen no terminar. Tal vez les tocó atorarse en el tránsito vehicular o el paisaje no estaba interesante y aún después de tomar una siesta,

146

despiertas y descubres que aún no han llegado a su destino. Finalmente, no lo soportas más y le preguntas al chofer: "¿Ya casi llegamos?"

## Los hijos de Israel preguntan: ¿Ya casi llegamos?

Ahora, da un salto a la historia y trata de imaginar a los hijos de Israel, yendo de aquí para allá, mientras están en camino a la tierra prometida. A diferencia de ti, ellos no tenían una hielera llena de hielo, sandwiches y limonada; no tenían ni siquiera la opción de escoger entre quince restaurantes de comida rápida que están en cada desviación de la carretera. En lugar de todo eso, ellos tenían el desierto caluroso, sandalias rotas, maná y codorniz para mantenerlos bien y vivos. Un paisaje diferente, pero probablemente algún niño pequeño, después de montar su burro por más de dos años, preguntó: "¿Ya casi llegamos?".

El problema es que, ¡aún no llegaban! Incluso llevaron sus rebaños y manadas por casi cuarenta años, y muchos de ellos ni siquiera lograron llegar. Su viaje completo les debió tomar once días, pero les tomó cuarenta años (ver Deuteronomio 1:2). ¡Te has de preguntar que pensaban ellos!

Como sea, el punto es que tú tendrás algunas experiencias desiertas en tu vida. Tal vez ahora mismo tienes pensamientos desiertos. ¿Qué harás al respecto? Imagina que, mientras lees este libro, tienes diez años de edad y te toma cuarenta años entender la dirección de Dios. Tendrías cincuenta años aún antes de comenzar por el camino correcto. ¡Wau! ¡No permitas que eso te pase a ti! Hagamos ahora mismo algo de "entrenamiento desierto". Este tipo de entrenamiento es el que te mantiene lejos del desierto de tu propia vida.

## ¿Qué es el "pensamiento del desierto"?

De alguna manera, el "pensamiento del desierto" es cuando estás atorado en tus pensamientos. Es cuando no logras encontrar otro camino hacia dónde ir, sin importar hacias dónde veas. Por fin, Dios tuvo que hablarles a los hijos israelitas. Dios dijo: "Ustedes han permanecido ya demasiado tiempo en este monte. Pónganse en marcha y diríjanse a la región montañosa" (Deuteronomio 1:6-7). ¿Puedes pensar en alguna ocasión en la que Dios pueda decirte eso a ti? "Mira, has andado de aquí para allá por la simple razón de que has estado enojado mucho tiempo con tu amiga, muévete." O tal vez: "Has guardado tus preocupaciones por mucho tiempo, ¡vamos a hablar al respecto!". Lo ves, puedes quedarte atascado en tus "pensamientos apestosos". Puedes estar en un lugar en el que no debe estar tu mente, y quedarte sin movimiento, como un pedazo de arcilla esperando a ser aventada al horno. ¡Ya es suficiente! Es hora de seguir adelante.

Vamos a salir del desierto tan pronto como podamos.

# Se acercan a la tierra prometida

Imagina que vas a hacer una pintura en óleo en tu clase de educación artística en la escuela. El maestro te ha dado la libertad de pintar lo que tú quieras mientras que la pintura signifique algo para ti y te sientas orgulloso de mostrarla en la exhibición de las bellas artes de la escuela. También vamos a decir que te encanta pintar y que ésta es una oportunidad emocionante para ti.

¿Cómo empiezas? Las posibilidades son que empiezas con una visión, un plan, antes de que dibujes o pintes algo. Piensas en todos los objetos que te gustaría pintar. Tal vez pintes el paisaje del patio trasero de tu casa o intentes copiar una foto vieja de tu tía Sara. Cuando inicias, piensas con claridad acerca de lo que quieres hacer. Sin un plan, no puedes crear nada, mucho menos una obra maestra.

## ¿Estás listo para pintar?

¡Tal vez sí, tal vez no! Tú tienes una excelente idea, pero ahora la duda ha llegado a tu cabeza. Estás seguro que no eres un artista bueno y que no serás capaz de hacerlo. Has preparado tu mente para el fracaso. Empiezas a quejarte que no tienes el color correcto de las pinturas y que tu pincel no es muy bueno. Te dices a ti mismo que ésto es algo que probablemente no podrás hacer. ¿Empiezas a oír a lo lejos a los israelitas quejándose? ¿Puedes escucharlos quejarse diciendo que debieron permanecer en Egipto porque ahora no están seguros de que puedan lograrlo?

## ¿Cómo es tu mentalidad?

Si empiezas con una mentalidad que dice que no puedes hacerlo, ¿adivina qué? ¡No serás capaz de hacerlo! ¡Así es! Si *alguna* vez quieres hacer algo, tienes que creer que es algo que puedes hacer. Dios te dio muchos talentos y quiere que los uses. Él sí cree que puedes pintar.

Si empiezas a murmurar, a quejarte y a sentirte mal sobre lo que pintas, tu visión se hará borrosa. Te olvidarás de lo que querías hacer, porque quitarás los ojos de tu meta. Sólo mirarás lo que no es perfecto y lograrás cielos más grises que azules. Aumentarás tu propia expectativa de que no lo puedes hacer.

Por un momento, apártate un paso de lo que pintas y mira la vida en forma general. ¿Cómo puedes lograr salir del "pensamiento del desierto" en cualquier cosa de la vida?

# Pasos que puedes seguir:

- Elabora un plan.
- Cree en tu habilidad para llevar a cabo el plan.
- Ten una actitud de agradecimiento.
- Piensa hacia dónde te diriges y no en dónde has estado.
- Busca la guía y dirección de Dios.
- Recuérdate cuál es tu primera idea, tu plan.
- ¡Termina el trabajo!

## Cambiar tu mente es como cambiar tus calcetines... ¡más o menos!

Si alguna vez has estado en un cuarto con alguien quien no se ha cambiado los calcetines por un día o dos o tal vez más tiempo, habrás notado un olor desagradable en el aire. Tal vez fuiste tentado a preguntar: "¿Qué huele tan mal?" Los calcetines apestosos no son muy diferentes a los pensamientos apestosos. Tú necesitas cambiarte las dos cosas tan pronto como sea posible.

## Las guerras del calcetín apestoso

Digamos que tu hermano acaba de llegar de jugar basquetbol, en un día muy asoleado y está todo sudado. Se quita sus tenis de entrenamiento y el olor más horrible se lanza a través del cuarto y te golpea justo en la nariz. Entonces, le sugieres en voz alta que debería cambiarse los calcetines o tal vez bañarse. Parece una sugerencia razonable, pero a tu hermano no le da la gana en ese momento.

## ¡Que alguien lo haga por mí!

Él te mira y te dice: "Hey, si te molesta tanto, ve y tráeme unos calcetines limpios y lleva estos apestosos al cuarto de lavado. A mí no me dan ganas de hacerlo ahorita".

Sabes que si lo haces, las cosas serán más agradables para ti, pero de ninguna manera tocarás esos calcetines olorosos. Así que te rindes y sigues quejándote. Por último, llevas el asunto a la corte mayor. Te quejas con tu mamá.

## Aquellos hijos del desierto

Los hijos de Israel hicieron lo mismo. Cuando las cosas no iban como querían, se quejaban con Moisés. Moisés oraba por ellos, se mantenía pidiendo a Dios que los ayudara, pero Dios se estaba molestando un poco con esos hijos flojos que no apreciaban nada de lo que Él ya había hecho por ellos. Dios esperaba que se hicieran responsables del trabajo que tenían a la mano.

¡Dios espera lo mismo de ti! Cuando tu mente está llena de cosas que necesitan ser cambiadas o limpias o sacudidas por completo, tienes que prepararte para una nueva mentalidad. Tienes que hacerte responsable de las cosas que piensas. Es posible que te quedes como un hijo del desierto si no lo haces.

## Dios te guiará hacia delante

Dios será tu líder, te guiará y te dirá en qué dirección ir, pero tú necesitas caminar. Él no puede hacer todo por ti. Tú mismo tienes un papel importante que desempeñar. Ya sea que tomes nuevas decisiones, porque te habías quedado atorado en las viejas o estés creando un plan nuevo para tu vida, necesitas ponerte a ti mismo en marcha. Sólo tú puedes pintar esa obra maestra. Sin tu pincel, los lienzos se quedarán en blanco.

## Posponerlo para después

En nuestra pequeña historia anterior de tu hermano con los calcetines apestosos, vimos la razón por la cual posponer las cosas no es una respuesta muy buena. Cuando seas tentado a hacer eso, tal vez puedas imaginar que esos calcetines apestosos están justo a tu lado. Sabes que eso significa que tienes que hacer algo al respecto, aún si tan sólo es alejarte del olor.

## ¡El tiempo es ahora!

Cuando tratas de hacer algo tan difícil como cambiar tu mente, puedes ser tentado a dejarlo para mañana. Entonces, puedes pensar que no le haría daño a nadie si esperaras unos pocos días más. Mucha gente hace eso con la oración. Tienen la intención de orar, pero nunca encuentran el tiempo. ¡El tiempo es ahora!

Sea lo que sea que necesite ser cambiado cuando estés alla en el desierto, necesita ser cambiado de inmediato. Ya estás sediento. Sabes cuando tienes calor y estás sediento y la camioneta del helado comienza a tocar su música mientras pasa por tu calle. ¿Qué pasa si no corres al instante y tomas tu dinero para un cono de helado? Exacto, la camioneta se va sin ti.

## Dejaste ir la camioneta del helado

Lo mismo puede pasar en otras áreas de tu vida también. No puedes esperar más tiempo o las oportunidades de cambiar cosas se te pasarán. Tendrás que esperar un largo periodo y el viaje de once días puede tomarte cuarenta años. Tu cono de helado se derretirá.

Si guardas el dinero que recibes y lo pones en un frasco en tu cuarto, tú sabes que está bien que vayas por un helado cuando la camioneta pase y así estarás listo para sumergir tu cono en crema de chocolate. Si no planeaste para el futuro, puede que aún no estés listo cuando veas venir la camioneta. Dios quiere que siempre estés listo para recibir los regalos que Él tiene para ti.

En mi libro para adultos, les di diez maneras diferentes en las que pueden pasar por momentos difíciles a causa del "pensamiento apestoso". La lista trata de enseñar las maneras en las que nos hablamos a nosotros mismos y a los demás cuando no estamos pensando muy bien. He cambiado la lista un poquito para ti.

## La lista del "pensamiento apestoso"

1. ¡Es muy tarde para cambiar mi futuro!
2. ¡Quiero que alguien más se encargue de esto!
3. ¡Simplemente todo es demasiado difícil!
4. No lo puedo evitar, ¡soy tan sólo un niño!

5. ¡Lo quiero *ahora*!
6. ¡No es *mi* culpa!
7. ¡Pobre de mí! ¡Pobre de mí!
8. ¡Dios no me ama en verdad!
9. ¡Otros niños tienen más de lo que yo tengo!
10. ¡Lo haré a mi manera!

¿Omití algun pretexto el cual usamos para quedarnos atorados? Si lo hice, tú puedes agregarlo a tu propia lista.

Nosotros veremos un pensamiento del desierto más y después seguiremos. Uno de los obstáculos más grande del camino, para poder ganar en la vida, es aquel que dice: "¡Todo es demasiado difícil, así que estoy pensando que renunciaré!" ¿Alguna vez has utilizado este pretexto?

## Romper esos malos hábitos

Imaginemos que te gusta la goma de mascar rosa y tus papás y maestros te han dicho una y otra vez que no debes masticar chicle todo el tiempo. Tú dices que trabajarás para recordar la regla acerca de la goma de mascar. ¿Y qué pasa?

## ¡Es difícil de recordar!

De repente, es como si todo aquel a quien conoces te ofreciera un chicle. Te dicen que lo guardes para después,

pero nunca lo haces. Lo metes a tu boca y te olvidas que está ahí. Tu maestra lo ve, te recuerda la regla y te hace escribir cien veces que no debes masticar chicle en la escuela. Tus papás tienen que firmar cuando termines la hoja que escribiste. Simplemente se hizo más difícil.

Les dices a tus papás que simplemente es demasiado difícil y que quieres darte por vencido. Perdiste tu coraje aún para intentarlo. Perdiste lo que la Biblia llama tu "corazón". Pero vuelve a pensar.

Romanos 5:3-5 dice:

*"Y no sólo en esto, sino también en nuestros sufrimientos, porque sabemos que el sufrimiento produce perseverancia; la perseverancia, entereza de carácter; la entereza de carácter, esperanza. Y esta esperanza no nos defrauda, porque Dios ha derramado su amor en nuestro corazón por el Espíritu Santo que nos ha dado."*

Así que, no pierdas el corazón, no te rindas...¡mantente fuerte! Tú puedes limpiar tus hechos, cambiar tu mente y cambiar tus calcetines en cualquier momento que estés listo. ¡Tú puedes hacerlo porque Dios te ayudará!

¡No seas alguien que se queja! ¡Sé alguien que gana!

# Capítulo 12

# ¡Fija tus pensamientos, no fijes la culpa!

Tú probablemente no haces esto, pero hay personas que les gusta inventar pretextos acerca del por qué tomaron una mala elección. Inventan razones por qué no hicieron caso a sus padres o no terminaron su tarea o no fueron a su clase de piano. Ignoran el hecho de que incluso Dios es parte de sus vidas.

Nuestra meta en este capítulo es darte algunas herramientas para ayudarte a corregir los problemas que surgen en tu vida sin culpar a otros. Si aprendes a fijar tus pensamientos en la verdad del Espíritu Santo, entonces no serás tentado a inventar pretextos. Veamos algunos ejemplos bastante humanos de la Palabra.

## Buscar culpar a alguien más

Dios nos conoce muy bien. Esto comenzó desde ese entonces con nuestra familia en el jardín. Las primeras personas que fueron descubiertas haciendo algo que específicamente se les había dicho que no hicieran, manejaron la situación a través de culpar a alguien más. Veamos la respuesta de Adán cuando Dios trató de encontrarlos en el jardín.

"Pero Dios el Señor llamó al hombre y le dijo: '¿Dónde estás?' El hombre le contestó: 'Escuché que andabas por el jardín, y tuve miedo porque estoy desnudo. Por eso me escondí'.

"'¿Y quién te ha dicho que estás desnudo?' le preguntó Dios. '¿Acaso has comido del fruto del árbol que yo te prohibí comer?'

"Él respondió: 'La mujer que me diste por compañera me dio de ese fruto, y yo lo comí'.

"Entonces, Dios el Señor le preguntó a la mujer: '¿Que es lo que has hecho?'

'La serpiente me engaño, y comí', contestó ella."
(Génesis 3:9-13).

## ¡Hey, no fue mi culpa!

¿Ves lo que sucedió? Nadie aceptó la responsabilidad de sus propias acciones. De inmediato, se culparon el uno al otro. Adán culpó a Dios, porque Dios le había dado la mujer. Luego culpó a la mujer, porque ella le dio la fruta. Eva culpó a la serpiente, porque se sintió engañada por toda la situación. ¿Cuál fue el resultado? Se sintieron desnudos delante de Dios. En otras palabras, sintieron como si Dios podía ver a través de ellos.

¿Alguna vez has estado atrapado en un momento donde no estabas diciendo toda la verdad y nada más que la verdad? Si es así, tal vez sabes cómo se siente eso. Estaban avergonzados de sí mismos, pero ni siquiera lo podían admitir.

Otro punto que quiero tomar con esta historia es este: Dios estaba enojado con Adán y Eva por lo que hicieron. Sin embargo, un poco más adelante en Génesis, leemos que aunque Dios los castigó,

¡DIOS TE ama siempre!

también empezó a ayudarlos de inmediato. Les hizo ropa y proveyó sus necesidades.

El punto es que, aun cuando pecas, Dios te perdona y trabaja contigo para ayudarte a no pecar de nuevo. Eso sólo puede suceder cuando admites la verdad, fijas tus ojos y tu corazón en Él y trabajas con Él para resolver las cosas.

## ¡El "Pretexto-nator"!

Sin importar cuando te encuentres en una posición difícil, por algo que hiciste o tal vez dejaste sin terminar, tu mente se apresura a buscar una salida. Así como Adán y Eva, corres hacia los arbustos, con la esperanza de que no serás descubierto. Ahí es cuando aparece el Pretexto-nator. Si tienes una razón que puedes dar por tu mal comportamiento, él siempre hará que te sientas mejor al hacer lo malo. Así es como nos engañamos a nosotros mismos y cómo Satanás también nos engaña.

## ¿Qué tipo de pretextos damos?

- ¡Yo lo hice porque mi amigo lo hizo!
- ¡Nadie me dijo que no lo podía hacer!
- ¡No me siento bien!
- ¡No lo pude evitar!
- ¡No pensé que era gran cosa!
- ¡Todos mis amigos lo hacen!
- ¡Vi a mi papá hacerlo!
- ¡Todos quieren que sea como mi hermana!
- ¡El perro se comió mi tarea!
- ¡La alarma del despertador no sonó a tiempo!
- ¡Todos los demás lo pueden hacer!
- ¡Comí demasiada azúcar!
- ¡Mi madre no me recordó!
- ¡Tan sólo soy un niño!
- Pues sí, me equivoqué...¡llévame a la corte!

Me encanta la última porque parece descartar cualquier mal. La cosa es esta, puedes añadir a la lista de pretextos o puedes comenzar a tomar la responsabilidad por tus acciones. Sólo porque se juega a cada rato el juego de acusar, no significa que tienes que ser el campeón. Incluso puedes dejar de jugar.

## ¿Cómo detienes el juego de culpar?

- Puedes salir de los arbustos. No necesitas esconderte de ti mismo o de Dios.
- Puedes enfrentar la verdad. Puedes mirarte al espejo y admitir lo que hiciste mal. Tú puedes ser el que acepta las consecuencias.
- Puedes examinarte para ver cómo te sientes acerca de lo que hiciste mal. Si estás triste por lo que hiciste y deseas no haberlo hecho, puedes...
- Acercarte a Dios y pedir su perdón. No le tienes que dar tus pretextos viejos, porque a Él no le interesa el "por qué" lo hiciste. Le interesa saber lo que quieres hacer ahora para corregir lo que hiciste. Le interesa saber lo que tu corazón ha aprendido.
- Puedes aceptar el perdón de Dios y pedir su ayuda para que no vuelvas a cometer ese mal. Eso es parte de lo que pedimos todos los días en la oración del Padre Nuestro.
- Si lastimas a alguien como resultado del mal que hiciste, puedes ahora ir con esa persona y pedirle perdón. Incluso, algunas veces tendrás que enmendar lo que hiciste, cómo reponer un objeto roto o robado.

Si no estás familiarizado con la oración del Padre Nuestro, se lee así:

Jesús le dijo a sus seguidores: "Su Padre sabe lo que ustedes necesitan antes de que se lo pidan". Así que cuando oren, deben orar así:

*Padre nuestro que estás en el cielo,*
*santificado sea tu nombre,*
*venga tu reino,*
*hágase tu voluntad*
*en la tierra como en el cielo.*
*Danos hoy nuestro pan cotidiano,*
*Perdónanos nuestras deudas,*
*como también nosotros hemos perdonado a*
*    nuestros deudores.*
*Y no nos dejes caer en tentación,*
*sino líbranos del maligno.*
*(Mateo 6:8-13)*

Cuando tu mente no está segura de qué hacer, detente primero y haz esta oración. Dios te ayudará antes de que cometas un error.

También, en Juan 8:32, Jesús dijo: "Si se mantienen fieles a mis enseñanzas, serán realmente mis discípulos; y conocerán la verdad, y la verdad los hará libres".

# ¿Puede librarte la verdad?

¿Qué significa ser libre de algo? ¿Cualquier cosa? Pensemos en algunos ejemplos:

■ Si no tienes tarea después de la escuela, eres libre para ir a jugar.

■ Si terminas tus quehaceres de tu casa, eres libre para ver televisión.

■ Si le pides perdón a alguien y te lo dan, tu corazón se siente mejor.

■ Si te confiesas algo a ti mismo que en realidad no era cierto, eres libre para descubrir lo que es verdad.

■ Si tienes tiempo para ti sólo, eres libre para escoger cómo pasarlo.

Después de ser libre, podrás mirar hacia atrás y ver cómo ciertas cosas estaban trabajando en tu mente para mantenerte capturado. Eres libre para explorar, regocijar, cantar, celebrar, jugar, trabajar, dar y recibir. La libertad viene con una variedad de regalos.

El ser librado significa que no siempre sabes que eres libre o que hay cosas trabajando en tu mente para mantenerte capturado. Tu propia mente puede ser una cárcel y te puede hacer un esclavo de tal forma, que puedes pensar que no tienes nada de libertad. Por lo regular, ese es el momento cuando has permitido que el Pretextonator entre y viva en tu mente o cuando Satanás está tratando de engañarte o cuando simplemente no conoces la verdad.

¡La verdad te hace libre! ¡Aplaude, patalea, brinca con gozo! ¡Eres libre! Eres libre cada vez que aceptas la verdad, permites que te guíe y te diriga. Dios es verdad, y ¡Él siempre te hará libre!

## ¡Haciéndolo a *tu* manera!

Una última cosa en la cual quiero que pienses es: Tú vives hoy en un mundo que te aplaude si haces las cosas a tu manera. Recibes reconocimiento por ser el primero o el mejor o el más inteligente. Todas estas cosas son buenas, pero hay veces que pueden hacerte olvidar otra verdad. Esa verdad es que tú perteneces a Dios y no a ti mismo.

El Salmo 78:4-8 BLS dice:

*"Cosas que hemos oído y conocido, y que nuestros padres nos han contado. No las esconderemos de sus descendientes; hablaremos a la generación venidera del poder del Señor, de sus proezas, y de las maravillas que ha realizado. Él promulgó un decreto para Jacob, dictó una ley para Israel; ordenó a nuestros antepasados enseñarlos a sus descendientes, para que los conocieran las generaciones venideras y los hijos que habrían de nacer, que a su vez los enseñarían a sus hijos. Así ellos pondrían su confianza en Dios y no se olvidarían de sus proezas, sino que cumplirían sus mandamientos. Así no serían como sus antepasados: generación obstinada y rebelde, gente de corazón fluctuante cuyo espíritu no se mantuvo fiel a Dios."*

Dios quiere que tengas una actitud positiva. Él quiere que sepas todas las cosas buenas que ha planeado para tu vida; quiere que le des tu corazón, tu mente y tu ser para que pueda favorecer tu vida con cosas buenas. Él quiere que tus pensamientos estén dirigidos hacia Él en todo lo que haces.

## Una oración por ti

Por favor, haz esta oración conmigo para que Dios proteja tu corazón y tu mente y te ayude a ser un ganador en el campo de batalla de tus pensamientos. Ahora es un muy buen tiempo para aprender cómo ser fuerte, de tal forma que puedas ganar la batalla durante toda tu vida. Tú siempre estarás en mis oraciones.

*Querido Señor,*
*Por favor cuida a (pon aquí tu nombre). Por favor, fortalece su corazón y su mente hacia ti. Por favor, ayúdale a ganar la batalla. Bendice todo lo que él/ella haga para aprender más acerca de ti y que crezca en espíritu de acuerdo a tu voluntad y tu misericordia. Te alabamos hoy, Señor, por este niño maravilloso. Bendícelo/la con pensamientos afectuosos y obedientes cada día. Amén.*

Isaías 55:6-9 nos recuerda cómo piensa el Señor y lo que quiere Él de ti. Echemos un vistazo:

"Busquen al Señor mientras se deje encontrar, llámenlo mientras esté cercano. Que abandone el malvado su camino, y el perverso sus pensamientos. Que se vuelva al Señor, a nuestro Dios, que es generoso para perdonar, y de él recibirá misericordia.

"Porque mis pensamientos no son los de ustedes, ni sus caminos son los míos -afirma el Señor-. Mis caminos y mis pensamientos son más altos que los de ustedes; ¡más altos que los cielos sobre la tierra!"

# ¡Que tengas buenos pensamientos!

Que todos tus pensamientos te fortalezcan y te hagan sonreír ante el Señor. Sé su hijo en cada manera de pensar y actuar. Si lo haces, Él te bendecirá por siempre.

Gracias por compartir este libro conmigo. Mis oraciones, mis pensamientos y mi corazón están contigo.

Joyce Meyer

**Joyce Meyer** ha venido enseñando la Palabra de Dios desde 1976 y en ministerio a tiempo completo desde 1980. Es autora de más de 54 libros, entre ellos *Controlando sus emociones, El desarrollo de un líder, La batalla es del Señor, Conozca a Dios íntimamente, No se afane por nada* y *Adicción a la aprobación.* Ha grabado más de 220 álbumes de audio casetes y más de 90 videos. El programa radial y televisivo de *"Disfrutando la vida diaria"* se transmite a través del mundo. Ella viaja extensamente para compartir el mensaje de Dios en sus conferencias. Joyce y su esposo, Dave, han estado casados por más de 33 años, tienen cuatro hijos y viven en Missouri. Los cuatro están casados y tanto ellos como sus cónyuges trabajan junto a Dave y Joyce en el ministerio.

PARA LOCALIZAR A LA AUTORA EN LOS ESTADOS UNIDOS:
Joyce Meyer Ministries
P.O. Box 655
Fenton, Missouri 63026
Tel: (636) 349-0303
www.joycemeyer.org

*Favor de incluir su testimonio o la ayuda recibida a través de este libro cuando nos escriba. Sus peticiones de oración son bienvenidas.*

EN CANADÁ:
Joyce Meyer Ministries Canada, Inc.
Lambeth Box 1300
London, ON N6P 1T5
Tel: (636) 349.0303

EN AUSTRALIA:
Joyce Meyer Ministries-Australia
Locked Bag 77
Mansfield Delivery Centre
Queensland 4122
Tel: (07) 3349 1200

EN INGLATERRA:
Joyce Meyer Ministries
P.O. Box 1549
Windsor SL4 1GT
Tel: 0 1753-831102